Loredana Chiappini
Nuccia De Filippo

un giorno in italia 1

corso di italiano
per stranieri

- principianti
- elementare
- intermedio

glossario
(inglese, francese, tedesco e spagnolo)
+ chiavi degli esercizi

Bonacci editore
L'italiano per stranieri

Bonacci editore srl
Via Paolo Mercuri, 8
00193 ROMA (Italia)
tel:(++39) 06.68.30.00.04
fax:(++39) 06.68.80.63.82
e-mail: info@bonacci.it
http://www.bonacci.it

Printed in Italy
© Bonacci editore, Roma 2003
ISBN 88-7573-378-3

un giorno · in italia · un giorno · in italia

1

glossario

inglese *a cura di Maurizio Bartocci*
francese *a cura di Gloria Paganini*
tedesco *a cura di Silke Bomber*
spagnolo *a cura di Esperanza G. Sánchez*

nota:
nel glossario sono stati tradotti solo i vocaboli relativi al racconto, agli esercizi e alle attività. Non sono stati tradotti i vocaboli presenti nelle spiegazioni grammaticali, nei documenti autentici e nelle istruzioni degli esercizi e delle attività.

ITALIANO	ENGLISH	FRANÇAIS	DEUTSCH	ESPAÑOL
abbaiare	to bark	aboyer	bellen	ladrar
abbandonare	to leave, to abandon, to give up	abandonner	verlassen	abandonar
abbastanza	enough	assez	genug	bastante
abbigliamento	clothes, clothing	habillement, vêtements	Kleidung, Bekleidung	ropa, prendas de vestir, vestuario
abbinare	to match	relier	zuordnen	relacionar
abbondante	plenty	abondant	reichlich	abundante
abbreviato	shortened	abrégé	abgekürzt	abreviado
abbronzato	sun-tanned	bronzé	gebräunt, braungebrannt	bronceado
abitante	inhabitant	habitant	Einwohner, Bewohner	habitante
abitare	to live in	habiter	wohnen	vivir
abito	dress, suit, outfit	vêtement	Kleid, Anzug	traje
abituarsi	to get used (to)	s'habituer	sich gewöhnen	acostumbrarse
abitudine	habit, custom	habitude	Gewohnheit	costumbre
accademico	academic	académique	akademisch	académico
accadere	to happen	arriver	geschehen, passieren	suceder
accaldato	boiling, hot	en sueur	erhitzt	acalorado
accanto	nearby	à côté	neben	al lado (de)
accendere	to turn/switch on	allumer; *avere da a.:* avoir du feu	anzünden, anmachen	encender, *avere da a.:* tener fuego
accendino	lighter	briquet	Feuerzeug	encendedor
accento	regional accent	accent	Akzent, Tonfall einer bestimmten Region oder Stadt	acento
accento	accent	accent (sur une lettre de l'alphabet)	Akzent, Betonungszeichen auf einem Buchstaben	acento
acceso	turned/switched on	allumé	entzündet, angezündet	encendido
accettare	to accept	accepter	annehmen, akzeptieren	aceptar
acciaieria	steel plant/mill	aciérie	Stahlwerk	fundición o fábrica de acero, acería
accidenti	dammit, blimey, gosh, good heavens	zut!	verflixt, verdammt (noch mal)	caray, jobar
accomodarsi	to make oneself comfortable, to take a seat	s'asseoir, s'installer	sich setzen	tomar asiento, sentarse
accompagnare	to go with	accompagner	begleiten	acompañar
accontentarsi	to be content/satisfied (with)	se contenter	sich begnügen	conformarse, contentarse
acconto	deposit, down payment	acompte	Anzahlung	señal, anticipo
d'accordo	all right! OK!	d'accord	einverstanden!	de acuerdo
essere d'accordo	to agree, to be in agreement	être d'accord	einverstanden sein	estar de acuerdo
accorgersi	to realize	s'apercevoir	bemerken	darse cuenta
accusa	accusation	accusation	Anklage	acusación
accusare	to accuse (of), to blame (for)	accuser, inculper	anklagen, beschuldigen	acusar
acqua	water	eau	Wasser	agua
adatto	suitable	adapté, indiqué	passend, geeignet	apropiado
addentare	to bite (into)	mordre	beißen in	hincar el diente
addio	farewell, goodbye for ever, adieu	adieu	Abschied, als Grußwort: lebe wohl!	adiós; *d'addio*: de despedida
addormentarsi	to fall asleep	s'endormir	einschlafen	dormirse
addormentato	sleeping, asleep	endormi	eingeschlafen	dormido
addosso	about/on one's person	sur (soi)	auf, auf sich, an sich	encima; *avere a.:* llevar
adeguato	suitable	adéquat, approprié	entsprechend, angemessen	adecuado
adesso	now, at present, presently	maintenant	jetzt	ahora
adolescente	teenager	adolescent	jugendlich	adolescente
adorare	to love	adorer	anbeten	adorar
aereo	airplane	avion	Flugzeug	avión
aereoporto	airport	aéroport	Flughafen	aeropuerto
affacciarsi	to show at the balcony	se montrer, se pencher	sich zeigen	asomarse
affannato	breathless	essoufflé	atemlos	jadeante, sofocado
affare	business transaction	affaire	Geschäft	negocio
affascinante	attractive, charming	fascinant	bezaubernd, faszinierend	atractivo
affascinato	fascinated	fasciné	fasziniert, bezaubert	encantado
non affatto	not at all	pas du tout	überhaupt nicht	para nada

ITALIANO	ENGLISH	FRANÇAIS	DEUTSCH	ESPAÑOL
affermazione	statement	affirmation	Behauptung, Aussage	afirmación
affettuoso	caring, affectionate, warm-hearted	affectueux	liebevoll, herzlich	cariñoso
affittare	to rent (out)	louer	mieten, vermieten	alquilar
affitto	rent	loyer	Miete	alquiler
affollato	crowded, crammed, packed	rempli, plein de monde	gedrängt voll	lleno de
affrancato	freed	affranchi, libéré	befreit	liberado
africano	African	africain	Afrikaner, afrikanisch	africano
agenda	diary	agenda	Notizkalender	agenda
agendina	pocket diary	carnet d'addresses	Taschenkalender	agenda, libreta
agente	agent	agent	Agent	agente
agenzia di viaggi	travel agency/bureau	agence de voyages	Reisebüro	agencia de viajes
agenzia pubblicitaria	advertising agency	agence publicitaire	Werbeagentur	agencia de publicidad
aggiungere	to add	ajouter	hinzufügen	añadir
aggressivo	aggressive	agressif	aggressiv	agresivo
agio	at ease, comfortable	aise; *sentirsi a proprio a.:* se sentir à l'aise, à son aise	Behagen; *sentirsi a proprio a.:* sich wohl fühlen	a gusto; a (mis) anchas
agosto	August	août	August	agosto
agro-	agro-, agri-	agro-	Agrar-	agro-
ahi	oho	aïe!	au!	¡ay!
aiutante	assistant	aide, assistant	Gehilfe	pinche
aiutare	to help	aider	helfen	ayudar
aiuto	help	aide	Hilfe	ayuda, apoyo, respaldo
ala	wing	aile	Flügel	ala
albergo	hotel	hôtel	Hotel	hotel
albero	tree	arbre	Baum	árbol
album	album	album	Album, Plattenalbum	LP, disco
alcolico	spirits, alcohol	boisson alcoolique, alcool	alkoholisches Getränk	bebida alcohólica
alcool	alcohol	alcool	Alkohol	alcohol
alcuno	some	quelques (adj.), quelques-uns (pron.)	einige	algún(o) ningún(o)
alfabeto	alphabet	alphabet	Alphabet	alfabeto
alimentare (agg.)	food, alimentary	alimentaire	Nahrungsmittel-	alimenticio
alimentazione	food, nourishment	alimentation	Ernährung	alimentación
alimento	nourishment, aliment, food	aliment	Nahrungsmittel	alimento, comida
allargare	to widen	élargir	erweitern	ampliar
allattare	to nurse	allaiter	stillen	dar de mamar
allegro	cheerful	gai, joyeux	fröhlich, lustig	alegre
allevamento	animal farming	élevage	Zucht	*d'a.:* de vivero, de piscifactoría
alligatore	alligator	alligator	Alligator	caimán
allontanarsi	to move away, to back off	s'éloigner	sich entfernen	alejarse
allora	then, in that case, therefore	alors, donc	dann, also	entonces
allungarsi	to grow	s'allonger	länger werden, sich verlängern	alargar
almeno	at least	au moins, du moins	wenigstens	al menos, por lo menos
alternativa	choice, option	alternative	Alternative	alternativa
alternativo	alternative, unconventional	alternatif	alternativ	alternativo
alto	tall (person); high/stilt (heels)	grand, haut	hoch, groß	alto
alto	loud	élevé	laut	alto
in alto	high	en haut	oben, nach oben, in die Höhe	arriba
altoparlante	loudspeaker	haut-parleur	Lautsprecher	altavoz
altrimenti	otherwise	autrement, sinon	sonst	si no
altro	other, different	autre	anderer; *l'a. giorno:* neulich	otro
altro	other	autre; différent	Andere	otro, otra cosa
più che altro	more than anything else	surtout	vor allem, eher	más que nada
alzare	to lift	lever	erheben	levantar
alzarsi	to get/stand up	se lever	aufstehen	levantarse
amalfitano	of Amalfi	d'Amalfi	amalfitanisch	de Amalfi

ITALIANO	ENGLISH	FRANÇAIS	DEUTSCH	ESPAÑOL
amante	lover	amant, maîtresse	Liebhaber	amante
amare	to love	aimer	lieben	amar
amaro	bitter	amer	bitter	amargo
amato	beloved, loved	aimé	beliebt	deseado
ambientato	set in	tourné	ein Film, der in Rom spielt	ambientado
ambiente	enviroment, surroundings	ambiance, milieu, environnement	Umgebung	ambiente
ambulante	itinerant	ambulant	wandernd; *venditore a.:* Straßenhändler; *misteri a.:* wanderndes Rätsel	ambulante
ambulante	street vendor	marchant ambulant	Straßenverkäufer, fliegender Händler	ambulante
americano	American	américain	amerikanisch	estadounidense
amicizia	friendship	amitié	Freundschaft	amistad
amico	friend	ami	Freund	amigo
ammazzare	to kill	tuer	totschlagen	matar
ammazzata	sweat, slog	suée	Quälerei	paliza
ammirare	to admire	admirer	bewundern	admirar
ammirato	admired	admiré	bewundert	admirado
amore	love	amour	Liebe	amor
amore a prima vista	love at first sight	amour à première vue, coup de foudre	Liebe auf den ersten Blick	flechazo
amoroso	love, loving	amoureux	Liebes-	amoroso
amuleto	amulet, talisman, charm	amulette	Amulett	amuleto
analizzare	to analyse, to examine	analyser	analysieren, untersuchen	analizar
anche	also, too, as well	aussi	auch	también
anche se	even though	même si	auch wenn	aunque
ancora	still; yet (neg.); again; *a. un po':* a little more, a little longer	encore	noch; schon wieder; *a. un po':* noch ein bisschen	todavía, aún; otra vez; *a. un po':* un poco más
andare	to go	aller	gehen, fahren, funktionieren, laufen	ir
andare a piedi	to walk	aller à pied	zu Fuß gehen	andar
andarsene	to go away, to leave	s'en aller	weggehen	irse
andata	outward trip	aller	Hinfahrt	ida
anello	ring	bague	Ring	anillo
angelo	angel	ange	Engel	ángel
angolo	corner, angle; *a. cottura:* kitchenette	coin; *a. cottura:* coin-cuisine	Ecke, Straßenecke, bezaubernder Ort; *a. cottura:* Kochnische	rincón, esquina; *a. cottura:* pequeña cocina, cocina americana
animale	animal	animal	Tier	animal
animato	lively, animated	animé	angeregt	acalorado
annaffiare	to water (plants)	arroser	begießen	regar
annegare	to drown	noyer	ertränken	ahogar
anno	year	année	Jahr	año
annoiarsi	to get bored	s'ennuyer	sich langweilen	aburrirse
annoiato	bored, weary	ennuyé	gelangweilt	aburrido
annotare	to note down	marquer	aufschreiben, anmerken	anotar
annunciare	to announce	annoncer	ankündigen	anunciar
annuncio	announcement	annonce	Ankündigung	aviso
anonimo	ordinary	anonyme	undefinierbar	anónimo, poco sabroso
anticipo	ahead, in advance, early	avance	im voraus	antes de tiempo
antico	ancient	ancien, antique	antik	antiguo
antipatico	unpleasant, disagreeable	antipathique	unsympathisch	antipático
antizanzare	mosquito-repellent	contre les moustiques	*crema a.:*Antimückencreme, Creme gegen Mücken	contra los mosquitos
anzi	indeed, on the contrary	et même, ou mieux	im Gegenteil, vielmehr	a propósito, al contrario
anziano	old	âgé	älter	anciano, una persona mayor
anziano	old (person); *gli anziani:* the elderly	personne âgée	älterer Mensch	anciano
aperitivo	aperitif, appetizer	apéritif	Aperitif	aperitivo
aperto	open	ouvert, grave	offen, aufgeschlagen	abierto; *accento a.:* forma de hablar del lugar
all'aperto	outdoors	en plein air	im Freien	al aire libre

ITALIANO	ENGLISH	FRANÇAIS	DEUTSCH	ESPAÑOL
appalto	contract, contract work	adjudication	Konzession, Auftrag	adjudicación de un servicio
apparecchiare	to set the table	mettre la table	Tisch decken	poner la mesa
apparire	to appear, to come into view, to materialize	apparaître	erscheinen	aparecer
appartamento	flat, apartment	appartement	Wohnung, Apartment	piso, apartamento
appartenere	to belong	appartenir	zugehören, angehören	pertenecer
appassionato	to be mad about (st)	passionné	Liebhaber	apasionado
appena	just, as soon as, hardly	à peine; *a. posso:* dès que je peux; *a. 5 km:* juste 5 kms; *a. cominciato:* vient de commencer	kaum, sobald	*a. posso:* en cuanto pueda; *a. fatto:* recién hecho; *è a. cominciato:* acaba de empezar; *a. 5 km:* apenas 5 km
appendere	to hang on the wall, to pin up	accrocher (au mur)	aufhängen	colgar
applaudire	to clap, to applaude	applaudir	Beifall klatschen	aplaudir
appoggiare	to put on	poser	ablegen	apoyar
apprezzato	valued	apprécié	geschätzt	apreciado
approfittare	to take advantage	profiter, en profiter	wahrnehmen, Gelegenheit nutzen	aprovechar
appuntamento	appointment	rendez-vous	Verabredung	cita
appunti	notes	notes	Aufzeichnungen, Notizen	apuntes
appunto	precisely, exactly	justement	eben	exactamente eso, precisamente
aprile	April	avril	April	abril
aprire	to open	ouvrir	öffnen	abrir
arabo	Arabic	arabe	arabisch	árabe
aragosta	lobster, crayfish, crawfish	langouste	Hummer	langosta
arancia	orange	orange	Orange, Apfelsine	naranja
aranciata	orange juice/squash	orangeade; jus d'orange	Orangeade, Apfelsinensprudel	zumo de naranja
arancione	orange	orange foncé	orange	anaranjado
arbitro	umpire	arbitre	Schiedsrichter	árbitro
archeologico	archaelogical	archéologique	archäologisch	arqueológico
architetto	architect	architecte	Architekt	arquitecto
architettura	architecture	architecture	Architektur, Baukunst	arquitectura
arco	arch	arc	Bogen	arco
ardere	to burn	brûler	verbrennen	quemar
area	area, zone, ground	aire	Gebiet, Flächeninhalt	área
argento	silver	argent	Silber	plata
argomento	topic, subject	sujet, argument	Argument, Thema	argumento
aria	air	air	Luft	aire
aria	to have the look of	air	aussehen, Anschein haben	aspecto
aria condizionata	air conditioning	air conditionné	Klimaanlage	aire acondicionado
arma	weapon	arme	Waffe	arma
armadio	wardrobe	armoire	Schrank	armario
arrabbiarsi	to get mad/angry	se mettre en colère	zornig werden, wütend werden	enfadarse
arrabbiato	angry, mad, infuriated	en colère	zornig, wütend	enfadado
arredare	to furnish	meubler	einrichten	decorar
arrivare	to arrive	arriver	ankommen, kommen, erreichen, gelangen	llegar, ir
arrivederci	goodbye, see you, bye-bye	au revoir	auf Wiedersehen	hasta luego, adiós
arrivederla	goodbye, see you, bye-bye (formal)	au revoir	auf Wiedersehen (höflichere Version)	hasta luego, adiós (muy formal)
arrivo	arrival	arrivée	Ankunft, Eintreffen	llegada
in arrivo	coming, oncoming	sur le point d'arriver	einlaufend	que llega
arrosto	roast meat	rôti	Braten	asado de carne
arrotolato	rolled-up	enroulé	aufgerollt, zusammengerollt	enrrollado
arte	art	art	Kunst	arte
articolo	article, feature	article	Artikel	artículo
artigiano	artisan, handicraftsman	artisan	Handwerker, Kunsthandwerker	artesano
artista	artist	artiste	Künstler	artista
artistico	artistic	artistique	künstlerisch	artístico
ascensore	lift, elevator	ascenseur	Fahrstuhl	ascensor

ITALIANO	ENGLISH	FRANÇAIS	DEUTSCH	ESPAÑOL
asciugacapelli	hairdryer	sèche-cheveux	Haartrockner, Fön	secador
asciugamani	towel	serviette, essuie-main	Handtücher	toalla
ascoltare	to listen to	écouter	hören, anhören, zuhören	escuchar
asino	donkey	âne	Esel	burro
aspettare	to wait	attendre	warten, warten auf, erwarten	esperar
aspetto	look, appearance	aspect	Aussehen, Äußere	aspecto
aspirante	aspiring	aspirant, candidat	Aspirant, Bewerber	aspirante
aspirazione	ambition	aspiration	Aspiration, Bestreben	aspiración
aspirina	aspirin	aspirine	Aspirin	aspirina
assalto	to rush (at)	assaut	Ansturm	asalto
assemblea	teach-in	assemblée	Versammlung	asamblea
assenza	absence	absence	Abwesenheit	sin volver al lugar
assicurarsi	to secure, to win, to obtain	s'assurer, se garantir	sich sichern	asegurarse
assistente sociale	social/welfare worker	assistant social	Sozialarbeiter	asistente social
assistere a	to witness	assister à	beiwohnen	asistir a, presenciar
associare	to combine, to associate	associer	verbinden, verknüpfen,	asociar
associazione	association	association	assoziieren	asociación
assolutamente	absolutely, totally	absolument	Vereinigung, Verein	realmente, por supuesto, *a. idea:* ni idea
assoluto	absolute	absolu	absolut, durchaus	absoluto
assomigliare	to look like, to resemble	ressembler	ähneln	parecerse
assorto	thoughtful, reflective	absorbé, plongé	versunken	ensimismado
assurdo	absurde	absurde	absurd, unsinnig	absurdo
astronave	spaceship, spacecraft	vaisseau spatial	Raumschiff	nave espacial
astuccio	case, holder	étui	Futteral	funda
atletica	athletics	athlétisme	athletisch	atletismo
atmosfera	atmosphere, mood	athmosphère	Atmosphäre	ambiente
atmosferico	atmospheric	athmosphérique	atmosphärisch	atmosférico
atrio	(the station) concourse	hall, entrée	Bahnhofshalle	entrada
attaccare bottone	to accost, to buttonhole	tenir la jambe à quelqu'un	Gespräch anfangen	comenzar a hablar, pegar la hebra
attendere	to wait	attendre	warten, warten auf, erwarten	esperar
attentamente	carefully	attentivement	aufmerksam	atentamente
attento	careful, scrupolous	attentif	gewissenhaft	cuidadoso
attenzione	attention	attention	Aufmerksamkeit, Beachtung, Achtung!; *fare a.:* Acht geben	atención
atterrare	to land	atterrir	landen	aterrizar
attesa	wait	attente	Wartezeit	espera
attillato	tight, tight/close fitting	serré	eng anliegend	ajustada
attimo	instant, moment	instant	Augenblick	instante, momento
attirare l'attenzione	to draw sb's attention to st	attirer l'attention	Aufmerksamkeit auf sich lenken	llamar la atención
attività	activity	activité	Tätigkeit, Betätigung, Aktivität	actividad
attivo	lively	actif	aktiv, rührig, geschäftig	activo
attore	actor	acteur	Schauspieler	actor
attraente	attractive	attrayant	attraktiv, anziehend	atractivo
attrarre	to attract	attirer	anziehen	atraer
attraversare	to cross	traverser	überqueren, durchqueren, durchgehen, durchfahren	atravesar, recorrer
attraverso	across	à travers	durch	a través de
attrezzatura	equipment	équipement	Ausrüstung, Einrichtung	equipo
attrice	actress	actrice	Schauspielerin	actriz
attuale	current	actuel	aktuell, zeitgemäß	actual
attualmente	currently, presently	actuellement	gegenwärtig, derzeit	actualmente
augurare	to wish	souhaiter	wünschen	desear
auguri	greetings, wishes	vœux	Glückwünsche	felicidades, enhorabuena, suerte; *fare gli a.:* felicitar
aumento	rise, increase	augmentation	Erhöhung	aumento
austriaco	Austrian	autrichien	Österreicher, österreichisch	austriaco
autentico	authentic, genuine, true	authentique	authentisch, echt	auténtico

ITALIANO	ENGLISH	FRANÇAIS	DEUTSCH	ESPAÑOL
auto	car	auto	Auto	coche
autobus	bus	autobus, bus	Bus, Autobus	autobús
automatico	automatic	automatique	automatisch	automático
automobile	car	automobile	Automobil, Auto	automóvil
autore	author	auteur	Schriftsteller, Autor	autor
autostrada	toll road	autoroute	Autobahn	autopista
autunnale	autumnal	d'automne	herbstlich	otoñal
autunno	autumn, fall	automne	Herbst	otoño
avanguardia	avant-garde	avant-garde	Avantgarde	vanguardia
avanti	ahead	loin; *andare a.:* avancer	vorn	adelante
avere	to have	avoir	haben, besitzen, erhalten, bekommen	tener, (verbo auxiliar: haber)
avvenimento	event	événement	Ereignis, Vorfall	acontecimiento, hecho
avveniristico	futuristic	futuriste, d'anticipation	zukunftsorientiert	vanguardista, futurista
avviare	to start	entamer, démarrer	in Gang bringen	poner en marcha
avvicinare	to approach, to accost	approcher	nähern	acercar
avvicinarsi	to approach, to get near/close	s'approcher	sich nähern	acercarse
avvisare	to inform	prévenir	benachrichtigen, verständigen	avisar
azienda	firm, company, enterprise	entreprise, affaire	Betrieb, Unternehmen	empresa
azzurro	blue	bleu	blau	azul
baby-sitter	baby-sitter	baby-sitter	Babysitter	niñera
bacchetta	chopstick	baguette chinoise	Stäbchen	palillos
bacio	kiss	baiser, bise	Kuss	beso
badare	*non b. a spese:* to spare no expenses	*non b. a spese:* ne pas regarder à la dépense	*non b. a spese:* keine Ausgabe scheuen	*non b. a spese:* no reparar (en gastos)
bagaglio	luggage, baggage	bagage	Gepäck, Gepäckstück	equipaje, bagaje
bagagliaio	luggage compartment	coffre	Gepäckablage	porta equipajes
bagnare/si	to wet, to moisten	mouiller / se mouiller	nass machen, anfeuchten	mojar/se
bagnato	wet	mouillé	nass, feucht	mojado
bagno	bathroom, swim	bain	Bad, Badezimmer, Toilette	baño
bagnoschiuma	bubble bath, bath foam	bain moussant	Schaumbad	gel de baño
balcone	balcony	balcon	Balkon	balcón
balena	whale	baleine	Wal, Walfisch	ballena
ballare	to dance	danser	tanzen	bailar
balletto	ballet	ballet	Ballett	ballé
balocchi	*paese dei b.:* toyland	*paese dei b.:* pays des jouets	*paese dei b.:* Schlaraffenland	*paese dei b.:* país de nunca jamás
bambino	child	enfant	Kind, Junge	niño
banale	obvious, unimaginative	banal	banal, abgedroschen	banal
banalità	commonplace, cliché	banalité	Banalität	banalidad
banana	banana	banane	Banane	plátano
banca	bank	banque	Bank	banco
bancarella	stall, stand	étalage	Verkaufsstand	puesto callejero
banco	desk	banc	Bank	pupitre, asiento
bancomat	cash dispenser, automated teller machine	distributeur automatique de billets de banque	Geldautomat	cajero automático
bancone	bar (counter)	comptoir	Theke	barra
bandiera	flag	drapeau	Fahne, Flagge	bandera
bar	bar, café	bar	Bar	bar
barba	beard	barbe	Bart	barba
barbone	tramp	clochard	Stadtstreicher, Penner	vagabundo
barca	boat	bateau	Boot	barco
barista	bartender, barman	barman	Barmann, Barkeeper	camarero
basilico	basil	basilic	Basilikum	albahaca
basso	short (person); bottom (shelf); low (heels)	bas, petit; *in b.:* en bas	niedrig, tief, klein	bajo; *in b.:* abajo
basta!	enough!	assez!, ça suffit !	Schluss!, genug!	¡ya está bien!
bastare	to suffice, to need, to last	suffire	genügen, reichen, ausreichen	bastar: *basta che:* con tal de
battere	to blow	battre	peitschen	soplar
battistero	baptistery	baptistère	Baptisterium, Taufkapelle	baptisterio
battuta	joke	plaisanterie, boutade	Scherz	frase chistosa
beato	lucky	*b. te:* tu en as de la chance	*b. te:* du Glücklicher	dichoso

ITALIANO	ENGLISH	FRANÇAIS	DEUTSCH	ESPAÑOL
beige	beige	beige	beige, sandfarben	beis
bello	nice, pretty, beautiful, handsome; (the) beautiful, (the) good, beauty	beau; beau	schön; Schöne	de persona: guapo; de lugar: bonito; *sarebbe b.+infinitivo:* estupendo; *fare qualcosa di b.:* de interesante; guapo
benarrivato	welcome	bien arrivé	willkommen	bienvenido
bendato	blindfold	bandé	verbunden (Augen)	vendado
bene	well, rightly, correctly, properly	bien; *voler b.:* aimer qn	gut, wohl, richtig; *sentirsi/stare b.:* sich wohl fühlen; *lo credo b.:* das glaub ich wohl; *voler b.:* gern haben	bien, vale, de acuerdo, *ci credo b.:* ya lo creo
benvenuto	welcome	bienvenu	willkommen	bienvenido
bere	to drink	boire	trinken	beber
berretto	cap	casquette	Mütze	gorro/a
bevanda	drink	boisson	Getränk	bebida
bianco	white	blanc	weiß	blanco
biblioteca	library	bibliothèque	Bibliothek, Bücherei	biblioteca
bicchiere	glass	verre	Glas	vaso; *bere un b.:* tomar algo
bici	bike	vélo	Rad, Fahrrad	bici
bicicletta	bicycle	bicyclette	Fahrrad, Rad	bicicleta
bicolore	bicoloured, two-tone, bichrome	bicolore	zweifarbig	bicolor
biglietto	ticket	billet	Karte	*di treno:* billete; *di teatro etc.:* entrada
binario	platform	quai, voie	Gleis	andén
biologico	organic (food)	biologique	biologisch	biológico
biondo	blonde, fair-haired	blond	blond	rubio
birra	beer, ale	bière	Bier	cerveza
biscotto	biscuit, cookie	biscuit	Keks	galleta
bisnonno	great-grandfather	arrière-grand-père	Urgroßvater	bisabuelo
bisognare	to need	falloir; *bisogna:* il faut	*non bisogna:* nicht sollen, nicht dürfen	hay que
bisogno	need, necessity	besoin	*avere b.:* brauchen	*avere b.:* necesitar
bloccare	to stop	bloquer	aufhalten, stoppen, stocken	parar
bloccato	stuck, jammed	bloqué	blockiert, gesperrt	bloqueado
blu	blue	bleu	blau	azul
bocca	mouth	bouche	Mund	boca
in **bocca** al lupo	good luck!	bonne chance!	Hals- und Beinbruch	¡suerte!
bolletta	bill	quittance, facture	Rechnung	factura, recibo
bollire	to boil	bouillir	kochen, sieden	hervir, cocer
bolognese	Bolognese	bolonais	Bolognese, bolognesisch	boloñés
borghese	conservative	bourgeois	bürgerlich	burgués
borgo	hamlet, small village	bourg	Viertel	barrio antiguo
borsa	bag, briefcase, handbag	sac	Tasche	bolso (de mujer); bolsa
borseggiatore	pickpocket	pickpocket	Taschendieb	carterista
borsone	grip, haldall	gros sac	Reisetasche, Sporttasche	bolsa de viaje
bosco	wood, the woods	bois	Wald	bosque
bottega	shop, workshop	boutique	Laden, Geschäft	tienda
bottiglia	bottle	bouteille	Flasche	botella
bottone → **attaccare** b.				
bracciale	bracelet	bracelet	Armband	pulsera
braccio	arm	bras	Arm	brazo
bravo	able, clever, nice, honest	bon, fort, bien	tüchtig, fähig, gut, brav, rechtschaffen	bueno; *b., b.:* haces bien; *e bravo...:* qué bien; *che bravo che sei* (iron.): qué listo eres
breve	short, brief	bref	kurz	breve; *in b.:* brevemente
breviario	breviary	bréviaire	Gebetsbuch	breviario
brezza	breeze	brise	Briese	brisa
brioche	brioche	brioche	Brioche, Gebäckstück	pastel
bronchite	bronchitis	bronchite	Bronchitis	bronquítis
bronzo	bronze	bronze	Bronze	bronce
bruciare	to burn	brûler	verbrennen	quemar
bruciarsi	to sunburn	se brûler	sich verbrennen	quemarse
bruciato	burned	brûlé	verbrannt	quemado

ITALIANO	ENGLISH	FRANÇAIS	DEUTSCH	ESPAÑOL
bruno	dark-haired, brunet	brun	brünett, braunhaarig	moreno
brutto	ugly, hideous, nasty, bad	mauvais, moche	hässlich, unschön	feo, malo
bucare	to punch	poinçonner	lochen	picar
bugia	lie	mensonge	Lüge	mentira
buonanotte	good night	bonne nuit	gute Nacht	buenas noches
buonasera	good evening	bonsoir	guten Abend	buenas tardes
buongiorno	good morning; good afternoon	bonjour	guten Tag	buenos días
buono	good	bon	gut, schmackhaft, genießbar, brav	bueno
burattinaio	puppeteer	marionnettiste	Marionettenspieler, Puppenspieler	titiritero
burattino	puppet	marionnette	Marionette	marioneta, títere
burro	butter	beurre	Butter	mantequilla
busta	envelope, (plastic) bag	enveloppe, sac	Umschlag, Briefumschlag, Tüte, Plastiktüte	*de correos:* sobre; *de la compra:* bolsa
buttare	to throw out/away	jeter	wegwerfen, werfen	tirar
cabina	compartment	cabine	Kabine	compartimento; *c. armadio:* armario empotrado
cacciare	to banish	chasser	wegjagen, vertreiben	echar
cadavere	corpse	cadavre	Leiche	cadáver
cadere	to fall	tomber	fallen	caer; *far c.:* tirar, caerse
caffè	coffee	café	Kaffee	café, cafetería
caffettiera	coffee-maker	cafetière	Kaffeemaschine	cafetera
calamaro	squid, calamary, ink-fish	calmar	Tintenfisch	calamar
calciatore	football/soccer player	footballeur	Fußballspieler	futbolista
calcio	football/soccer	football	Fußball	fútbol
caldo	hot, warm	chaud	warm, heiß	caliente
caldo	heat	chaleur	Hitze	calor
calma	*con c.:* to take one's time; *c. c.!:* easy does it!	calme	Ruhe, Gelassenheit	calma
calmo	calm	calme	ruhig, still	tranquilo
calzino	sock	chaussette	Socke	calcetín
cambiamento	change	changement	Veränderung, Wandel	cambio
cambiare	to change; *c. casa:* to move; *c. colore dei capelli:* to colour one's hair	changer, changer de; *c. casa:* changer de maison; *c. colore dei capelli:* changer de couleur de cheveux	umziehen, wechseln, ändern, verändern; *c. un libro:* umtauschen; *c. treno:* umsteigen	cambiar; cambiar (de...); *c. casa:* mudarse; *avere venti euro da c.:* tener cambio de
camera	bedroom	chambre	Zimmer (Schlafzimmer)	dormitorio, habitación
cameriere	waiter	garçon (de café)	Kellner	camarero
camicia	shirt	chemise	Hemd	camisa
camion	truck, lorry	camion	Lastwagen	camión
camminare	to walk	marcher	gehen, laufen	caminar, andar
camomilla	camomile tea	camomille	Kamillentee	manzanilla
camorra	Camorra	mafia napolitaine, camorra	Kamorra (Mafia in Neapel)	camorra, mafia napolitana
campagna	countryside; *c. pubblicitaria:* promotion, advertising campaign	campagne	Land; Kampagne	campo, campaña
campanile	belfry, steeple, belltower	clocher	Glockenturm	campanario
campeggio	camping site	camping	Campingplatz	cámping
campo	field, sphere	champ, domaine	Feld, Acker, Bereich, Gebiet; *c. dello sport:* Sportplatz; *c. della moda:* Modebereich; *c. commerciale:* Handel	campo
cane	dog	chien	Hund	perro
cannellone	cannelloni	cannelloni	Nudelteigröhre	canelones
canottiera	vest, singlet	tricot de peau	Unterhemd	camiseta
cantante	singer	chanteur	Sänger	cantante
cantare	to sing	chanter	singen	cantar
cantina	wine-cellar, cellar	cave	Keller	bodega
canzone	song	chanson	Lied, Schlager	canción
caos	chaos	chaos	Chaos, Durcheinander	caos
caotico	chaotic	chaotique	chaotisch	caótico

ITALIANO	ENGLISH	FRANÇAIS	DEUTSCH	ESPAÑOL
capacità	capability, competence, skill	capacité; competence	Fähigkeit	capacidad
capelli	hair	cheveux	Haare	pelo
capire	to understand	comprendre	verstehen, begreifen	entender
capitare	to occur	arriver	passieren, geschehen	pasar
capo	head; *ricominciare da c.:* to start again	chef, tête, cap; *da c.:* depuis le début	Kopf, Haupt, Anfang, Kap	cabeza, cabo; *da c.:* desde el principio
caporale	lance-corporal	caporal	Gefreite	cabo
capostazione	station-master	chef de gare	Bahnhofsvorsteher	jefe de estación
cappello	hat	chapeau	Hut	sombrero
cappotto	coat, overcoat	manteau	Mantel	abrigo
cappuccino	capuccino	crème, cappuccino	Cappuccino (Espressokaffee mit Milch)	capuchino
caprese	Caprese (salad made of tomatoes, basil and mozzarella cheese)	salade de tomates et mozzarella	Salat aus Tomaten und Mozzarella	ensalada de tomate, queso blanco, y albahaca
carabiniere	carabiniere	carabinier, gendarme	Karabiniere	carabinero
caramella	candy	bonbon	Bonbon	caramelo
caratteristica	characteristic, feature	caractéristique	Eigenschaft, Merkmal	característica
carciofo	artichoke	artichaut	Artischocke	alcachofa
cardinale	*punti c.:* cardinal points	*punti c.:* points cardinaux	*punti c.:* Himmelsrichtungen	*punti c.:* puntos cardinales
caricaturista	caricaturist	caricaturiste	Karikaturist	caricaturista
carino	pretty, nice	joli; mignon	reizend, nett, hübsch	bonito
carne	meat	viande	Fleisch	carne
carnoso	*bocca c.:* full lips	charnu	*bocca c.:* voller Mund	carnoso
caro	expensive; *c. saluti.:* fond greeting; *mio c.:* my dear	cher	teuer, lieb	cariñoso; querido; caro
carrello	trolley	chariot	Wagen, Kofferkuli	carro
carriera	career	carrière	Karriere	carrera
carrozza	carriage	wagon	Wagen, Waggon	vagón
carta	paper, sheets; *c. di credito:* credit card; *c. stagnola:* foil; *c. telefonica:* phonecard	papier; *c. di credito:* carte de crédit; *c. stagnola:* papier d'aluminium; *c. telefonica:* carte téléphonique	Papier; *c. di credito:* Kreditkarte; *c. stagnola:* Stanniolpapier; *c. telefonica:* Telefonkarte	papel; *c. di credito:* tarjeta de credito *c. stagnola:* papel de aluminio; *c. telefonica:* tarjeta telefónica
cartella	folder, bingo card	serviette; billet (du loto)	Aktentasche; Karte	carpeta; cartón
cartellino	card, badge	fiche; badge	Zettel, Schild	tarjeta de fichar
cartello	notice	panneau	Schild	cartel, letrero
cartina	map	plan, carte	Karte, Landkarte, Stadtplan	mapa, plano de la ciudad
cartolina	postcard	carte postale	Postkarte	postal
casa	house, home	maison	Haus, Zuhause, Wohnung	casa
casalinga	housewife	femme au foyer	Hausfrau	ama de casa
casco	helmet	casque	Helm	casco
caserma	barracks	caserne	Kaserne	cuartel
casino	mess; *che c.!:* what a mess!	bordel; *che c.!:* quel bordel	Bordell; *che c.!:* was für ein Bordell!	lìo; *che c.!:* ¡qué lío!
caso	case, chance	cas; hasard; affaire	Fall, Zufall	caso; acaso, por casualidad
casolare	cottage, lodge	chaumière	Landhaus	casa de campo
cassa	cash desk	caisse	Kasse	caja
cassetta	tape	cassette	Kassette	cinta de vídeo
cassetto	drawer	tiroir	Schublade	cajón
castello	castle	château	Schloss, Burg	castillo
casuale	coincidental	fortuit	zufällig	casual
casualmente	accidentally, by chance	fortuitement, par hasard	zufällig	casualmente
catacomba	catacomb	catacombe	Katakombe	catacumba
catena	chain	chaîne	Kette, Ladenkette	cadena
cattivo	bad	méchant	schlecht	*è c.:* sabe mal
catturare l'attenzione	to catch/to attract (sb's attention)	capturer	Aufmerksamkeit auf sich ziehen	captar, llamar la atención
causa	cause, reason	cause	Grund, Ursache; *per c. nostra:* unsertwegen	causa
cavolo	*che c. volete?:* what hell…; *questo c. di esa-*	*che c. volete?:* qu'est-ce que vous me vou-	zum Teufel, verflixt	diablos; *c. di esame:* jorobado examen

ITALIANO	ENGLISH	FRANÇAIS	DEUTSCH	ESPAÑOL
	me: bloody exam	lez?; *questo c. di esame:* cet examen à la noix		
celebre	famous	célèbre	berühmt	célebre
cellophane	cellophane	cellophane	Zellophan	celofán, papel transparente
cellulare	mobile/cellular phone	portable	Mobiltelefon, Handy	móvil
cemento	concrete	ciment, béton	Zement	cemento
cena	dinner, supper	dîner	Abendessen	cena
cenare	to have dinner/supper, to dine	dîner	zu Abend essen	cenar
cenno	sign, signal	signe, geste	Zeichen	ademán, gesto
centesimo	cent	centime	Cent	centimo
centinaia	hundreds	centaines	Hunderte	centenar, (montón)
centrale	central	central	zentral	céntrico, principal
centro	centre; *c. direzionale:* business centre, office district	centre; *c. direzionale:* quartier des affaires	Zentrum, Mitte; *c. direzionale:* Büroviertel; *centro c.:* Einkaufszentrum	centro; *c. commerciale:* centro comercial; *c. direzionale:* centro comercial y de oficinas
cercare	to look/search for; *c. di: to try*	chercher	suchen, versuchen	buscar; *c. di:* tratar de
cereali	cereal	céréales	Getreide	cereales
cerimonia	cerimony	cérémonie	Feier, Fest	ceremonia
cerniera	zip, zipper	fermeture éclair	Reißverschluss	cremallera
certo	certain, some; sure, surely, of course, for sure	certain; bien sûr; certes	gewiss, bestimmt, sicher, sicherlich	claro; *a un c. punto:* en un momento dado; *essere c.:* estar seguro; *in un c. senso:* en un cierto sentido
cespuglio	bush, shrub	buisson	Strauch	matorral
chef	chef, chief cook	chef	Chefkoch	chef
chiacchierare	to chat	bavarder	plaudern, reden, schwätzen	charlar
chiacchierone	chatterbox, talkative	bavard	Plaudertasche, Schwätzer	hablador; parlanchín
chiamare	to call	appeler	rufen, anrufen, heißen, nennen	llamar
chiamarsi	to be called, to be named	s'appeler	heißen	llamarse
chiamata	call	appel	Anruf	llamada
chiarimento	explanation, clarification	élucidation, explication	Erklärung	aclaración
chiaro	clear	clair	klar, deutlich	claro
chiassoso	noisy	bruyant	laut, lärmend	ruidoso, bullicioso
chiatto	fat	gros, gras	dicklich	gordito
chiave	key	clé	Schlüssel	llave
chiedere	to ask	demander	fragen, bitten, ersuchen	preguntar; *c. un'informazione, un favore, soldi:* pedir
chiesa	church	église	Kirche	iglesia
chilo	kilo	kilo	Kilo	kilo
chilometrico	kilometric	kilométrique	Kilometer-	kilométrico
chilometro	kilometre	kilomètre	Kilometer	kilómetro
chimico	chemical	chimique	chemisch	químico
chissà	who knows, I wonder	qui sait; va savoir	wer weiß	quién sabe; quizás
chiudere	to close	fermer	schließen, zumachen, zuklappen	cerrar
chiuso	closed	fermé	geschlossen, verschlossen	cerrado
choc	shock	choc	Schock	shock, choque
ciabatta	slipper	mule, savate	Pantoffel, Hausschuh	zapatilla
ciambella	doughnut	sorte de savarin	Kranzkuchen	donuts
ciao	hello, hi, bye	salut	zur Begrüßung: hallo, grüß dich, servus; zum Abschied: tschüss, ciao	hola, hasta luego
ciascuno	each	chacun	jeder	cada, cada uno, cada cual
cibo	food	nourriture	Nahrung, Kost	comida
cicerone	guide, cicerone	cicérone, guide touristique	Führer, Fremdenführer	cicerón, guía
cielo	sky	ciel	Himmel	cielo

ITALIANO	ENGLISH	FRANÇAIS	DEUTSCH	ESPAÑOL
cifra	figure	chiffre	Ziffer, Zahl	cifra
cinema	cinema	cinéma	Kino, Film, Filmwesen	cine
cinese	Chinese	chinois	Chinese, chinesisch	chino
cineseria	chinoiserie, chinesery	chinoiserie	Chinoiserie	objetos exóticos de poco valor
cintura	belt	ceinture	Gürtel	cinturón; *cinturino:* correa
cioccolatino	chocolate	petit chocolat	Praline	bombón
cioccolato	chocolate	chocolat	Schokolade	chocolate
cioè	that is	c'est-à-dire	das heißt, und zwar, nämlich, besser gesagt	o sea, es decir
cipolla	onion	oignon	Zwiebel	cebolla
cipresso	cypress (tree)	ciprès	Zypresse	ciprés
circa	about	environ	zirka, ungefähr, etwa	alrededor de; más o menos, unos...
circo	circus	cirque	Zirkus	circo
circolare	to go round	circuler	kursieren, im Umlauf sein, umgehen	se oye decir
città	city, town	ville	Stadt	ciudad
classe	class; *di c.:* fancy/classy	classe	Klasse	clase; *di c.:* con clase
classico	classic(al)	classique	klassisch	clásico
classifica	list	classement	Rangliste	clasificación
classificare	to classify, to arrange in classes	classer	einstufen, klassifizieren	clasificar
cliente	customer, client	client	Kunde	cliente
clima	climate	climat	Klima	clima
clonato	cloned	cloné	geklont	clonado
clown	clown	clown	Clown	payaso
club	club	club	Klub	club
cocco	coconut	coco	Kokusnuss	coco
coccodrillo	crocodile	crocodile	Krokodil	cocodrilo
cocktail	cocktail	cocktail	Cocktail	cóctel
coda	tailback; *c. dell'occhio:* the tail of the eye	queue; *c. dell'occhio:* coin de l'œil	*c. di macchine:* Autoschlange; *c. dell'occhio:* Augenwinkel	cola, caravana; *c. dell'occhio:* rabillo (del ojo)
coerente	coherent	cohérent	konsequent	coherente
cogliere	to pick	cueillir	pflücken, ernten	coger
cognome	surname, family name	nom de famille	Nachname	apellido
coincidenza	connection	correspondance	Anschluss	trasbordo, empalme, correspondencia
colazione	breakfast	petit-déjeuner	Frühstück	desayuno
colazione al sacco	packed lunch	pique-nique	Picknick	almuerzo al aire libre
collaboratore	collaborator, partner	collaborateur	Mitarbeiter	colaborador
collaborazione	collaboration, cooperation	collaboration	Zusammenarbeit, Mitwirkung	colaboración
colle	hill	colline	Hügel	colina
collega	colleague	collègue	Kollege	compañero de trabajo, colega
collegare	to link, to connect	relier	verbinden, in Zusammenhang bringen	unir, conectar
collezione	collection	collection	Kollektion	colección
collina	hill	colline	Anhöhe, Hügel	colina
collo	neck	cou	Hals	cuello
collocare	to place	placer	platzieren, unterbringen	colocar, situar
colombiano	Colombian	colombien	Kolumbier	colombiano
colonna	column, pillar	colonne	Spalte, Säule	columna
colonnato	colonnade	colonnade	Säulengang, Kolonnade	columnata
colore	colour	couleur	Farbe	color
colpa	fault	faute	Schuld	culpa
colpire	to hit, to strike	frapper	beeindrucken, ergreifen	impresionar
coltello	knife	couteau	Messer	cuchillo
coltivazione	cultivation, farming	culture	Anbau, Pflanzung	cultivos
combinare	to combine	combiner	zusammenfügen	combinar
come	how, what, as	comme, comment	wie	como; cómo
cominciare	to begin, to start	commencer	anfangen, beginnen	empezar
comitiva	group, party	groupe	Schar, Gruppe	pandilla
commentare	to remark/comment on	commenter	erklären, erläutern	comentar
commerciale	commercial, trading	commercial	Handels...; *centro c.:* Einkaufszentrum	comercial

ITALIANO	ENGLISH	FRANÇAIS	DEUTSCH	ESPAÑOL
commercialista	public accountant	expert comptable	Steuerberater	persona que trabaja en una gestoría
commercio	trade	commerce	Handel	comercio
commuovere	to touch, to move	émouvoir, toucher	rühren, bewegen	conmoverse
comodo	*fare con c.:* to do st in one's own time	*fare con c.:* prendre son temps	*con c.:* in aller Ruhe	*con c.:* sin prisa
compagnia	company	compagnie	Gesellschaft	compañía
compagno	partner	camarade	Kamerad, Gefährte, Mitschüler	compañero
compiere	to realize, to make	accomplir	vollenden	acabar
compilare	to make a list, to fill out a form	remplir	aufstellen, ausfüllen	rellenar
compito	task, homework	devoir, tâche	Aufgabe, Hausaufgabe	deberes
compleanno	birthday	anniversaire	Geburtstag	cumpleaños
complesso	complex	complexe	Komplex	complejo
completamente	completely	complètement	völlig, vollständig, ganz	completamente
completare	to fill in	compléter	vervollständigen, ergänzen	completar
completo	filled in	complet	vollständig, ganz	completo
complicare	to complicate	compliquer	komplizieren; *complicarsi:* schwierig werden	complicar
complicato	complicated	compliqué	kompliziert	complicado
comporre	to write	composer	zusammenstellen	componer
comportarsi	to behave	se comporter	sich benehmen	portarse, comportarse
composto	consisting	composé	zusammengesetzt	compuesto
comprare	to buy	acheter	kaufen, einkaufen	comprar
comprendere	to understand, to include	comprendre; comporter	verstehen, begreifen; enthalten	comprender; abarcar
comprensione	comprehension, sympathy	compréhension	Verständnis, Verstehen	comprensión
comprensivo	understanting	compréhensif	verständnisvoll	comprensivo
computer	computer	ordinateur	Computer	ordenador
comune	common, standard, municipality	commun; mairie	gemeinsam, üblich; Stadtverwaltung, Gemeindeverwaltung	común; ayuntamiento
comunemente	generally, commonly	communément	gewöhnlich	normalmente
comunicare	to communicate	communiquer	kommunizieren, sich verständigen, mitteilen	comunicar
comunicazione	communication	communication	Kommunikation, Verständigung	comunicación
comunque	anyway, in any case	de toute façon	wie auch immer, jedoch, sowieso, auf jeden Fall	de todas maneras, de cualquier forma
concedere	to allow	concéder	gönnen	conceder
concentrare	to concentrate	concentrer	konzentrieren	concentrar
concentrarsi	to concentrate	se concentrer	sich konzentrieren	concentrarse
concerto	concert	concert	Konzert	concierto
concordare	to make agree	accorder	in Übereinstimmung bringen	concordar
concorrenza	competition	concurrence	Konkurrenz	competencia
concorso	competitive exam	concours	Wettbewerb	oposición, pruebas de selección
condire	to dress	assaisonner	anmachen	condimentar
condizionato → aria c.				
condizione	condition, term	condition	Bedingung, Zustand	condición
condominio	condominium	copropriété, immeuble	Mitbesitzerhaus, Gemeinschaft aller Wohnungseigentümer in einem Haus	comunidad de vecinos
conferenza	conference	conférence	Konferenz	conferencia
confermare	to confirm	confirmer	bestätigen	confirmar
confezione	packaging, box, packing	emballage	Verpackung	tubo
confondersi	to get confused/mixed	se confondre	sich irren	confundirse
confrontare	to compare	comparer	vergleichen	comparar
confronto	comparison	comparaison	Vergleich, Gegenüberstellung	comparación
confusione	confusion	confusion	Durcheinander, Unordnung	confusión
confuso	confused	confus	verwirrt, wirr	desconcertado

ITALIANO	ENGLISH	FRANÇAIS	DEUTSCH	ESPAÑOL
conoscente	acquaintance	connaissance	Bekannte	conocido
conoscenza	*fare c.:* to make sb's acquaintance	connaissance	Wissen, Bekanntschaft	*fare c.:* conocer
conoscere	to know	connaître	kennen, kennen lernen	conocer
conoscersi	to know each other, to meet	se connaître	sich kennen	conocerse
conosciuto	familiar	connu	bekannt	conocido
conquista	achievement	conquête	Eroberung, Errungen-schaft	conquista, ligue
conservante	preservative	conservant	Konservierungsmittel	conservante
conservare	to keep	garder	aufbewahren	guardar
considerare	to consider	considérer	halten, ansehen	considerar
consigliare	to suggest	conseiller	empfehlen, raten	aconsejar, recomendar
consiglio	advice, suggestion	conseil	Rat	consejo
consumare	to consume, to have	consommer	verzehren	pedir la consumición
consumatore	consumer, customer	consommateur	Verbraucher, Konsument	consumidor
contadino	farmer	paysan	Bauer, Landwirt	campesino
contante	cash	comptant, liquide	bar, Bar… ; *soldi c.:* Bargeld	en efectivo, en metáli-co
contattare	to get in touch with	contacter	sich in Verbindung set-zen mit, kontaktieren	ponerse en contacto;
contatto	contact	contact	Kontakt	*prendere c.:* entrar en contacto
contemporaneamente	simultaneously	simultanément, en mê-me temps	gleichzeitig, zugleich	contemporáneamente
contemporaneo	contemporary	contemporain	zeitgenössisch	contemporáneo
contenere	to contain	contenir	enthalten	contener
contenitore	container, holder	récipient, container	Behälter	contenedor
contento	happy, glad, content	content	zufrieden, froh	contento
contenuto	restrained, contained; contents	contenu; contenu	enthalten; Inhalt	contenido; contenido
continente	continent	continent	Kontinent, Erdteil	continente
continuamente	continually	continuellement	fortwährend	continuamente
continuare	to continue	continuer	fortsetzen, fortfahren, weitermachen	seguir
continuato	non-stop	continu	durchgehend	continuado
continuazione	continuation	continuation, suite	Fortsetzung	continuación
continuità	continuity	continuité	Kontinuität, Fortdauer	continuidad
continuo	continuous	continu	fortwährend, andauernd	continuo
conto	bill, check; *rendersi c.:* to realize	compte	Rechnung; *rendersi c.:* sich einer Sache bewusst werden	cuenta
contrario	contrary	contraire	Gegenteil; *al c.:* im Ge-genteil	contrario
contrasto	contrast	contraste	Kontrast, Gegensatz	contraste
contro	against	contre	gegen; *pro e c.:* Für und Wieder)	contra
controllare	to control	contrôler	kontrollieren	comprobar, controlar, investigar, mirar
controllo	control, check	contrôle	Kontrolle	control
controllore	conductor	contrôleur	Kontrolleur	revisor
contromano	on the wrong side of the road	en sens contraire	in Gegenrichtung	en dirección contraria
convegno	congress, conference	congrès	Tagung, Kongress	congreso
convenire	it's a good idea to	convenir, avoir intérêt à	besser sein, günstiger sein	convenir
conversazione	conversatione	conversation	Gespräch, Unterhaltung	conversación
convincente	convincing	convaincant	überzeugend	convincente
convincere	to convince, to persuade	convaincre	überzeugen	convencer
coperta	covered	couverture	Decke	tapada
coperto	*cielo c.:* overcast sky	couvert	bedeckt	cubierto
copia	copy	copie	Kopie, Exemplar	copia
copiare	to copy	copier	abschreiben, kopieren	copiar
coppa	bowl	coupe	Becher, Kelch	copa
coppia	couple	couple	Paar; *in c.:* zu zweit	en parejas, pareja, de dos en dos
coprire	to cover	couvrir	bedecken, decken, zu-decken	cubrir, tapar
coraggio	courage, boldness, nerve	courage	Mut	coraje; *trovare il c.:*

ITALIANO	ENGLISH	FRANÇAIS	DEUTSCH	ESPAÑOL
				atreverse
corallo	coral	corail	Koralle	coral
cordiale	friendly	cordial	freundlich, herzlich	cordial, afable
cornetto	croissant	croissant, brioche	Hörnchen, Croissant	croissant
corpo	body	corps	Körper	cuerpo
correggere	to correct	corriger	verbessern, korrigieren	corregir
corrente	current, ruling	courant	geläufig, landläufig	corriente
correre	to run	courir	laufen, rennen, schnell fahren, eilen	correr, *c. da lui:* ir a verlo rápidamente
correttamente	correctly	correctement	richtig, fehlerfrei	correctamente
corretto	laced with	*caffè c.:* café arrosé d'alcool	*caffè c.:* Kaffee mit einem Schuss Alkohol	*caffè c.:* bautizado, carajillo
corridoio	corridor	couloir	Gang	pasillo
corrispondere	to correspond	correspondre	entsprechen	corresponder
corsa	rush, hurry; ride, journey	vitesse; *di c.:* à toute vitesse, course, quelle course; marche	Lauf; *di c.:* rasch, schnell; Fahrt	carrera, deprisa; trayecto
corsaro	buccaneer	corsaire	Seeräuber, Korsar	corsario
corso	course, classes; high street, main street	cours, leçon; avenue	Kurs, Lehrgang; Hauptstraße	curso; avenida, paseo
cortese	polite	courtois, poli	höflich	amable
cortesia	formal; kindness	courtoisie, politesse	Höflichkeit	cortesía, amabilidad
cortile	courtyard	cour	Hof	patio, jardín
corto	short, brief	court	kurz	corto
cosa	thing; *che c.:/ c.*what	chose	was, etwas, Sache, Ding	cosa; qué; *la c. più:* lo más
coscienza	*obiettore di c.:* conscientious objector	conscience	*obiettore di c.:* Kriegsdienstverweigerer	conciencia
così	like this/that, so; *c. c.:* so-so	ainsi, comme ça	so, auf diese weise, also, daher, dasselbe, so ein	así, tan
cosmetica	cosmetics	cosmétique, cosmétologie	Kosmetik	cosmética
coso	thing, object, what's-its-name	machin	Dingsda, Dings	chisme
costa	coast, coastline	côte	Küste	costa
costare	to cost	coûter	kosten	costar
costoso	expensive	coûteux	teuer	caro
costretto	compelled, obliged, forced	contraint	gezwungen	obligado
costringere	to compel, to oblige, to force	contraindre	zwingen	obligar
costruire	to build	construire	konstruieren, bauen	construir
costruzioni "Lego"	Lego	jeux de Lego	Bausteine	construcciones
costume	habit, custom	coutume	Brauch	costumbre
costume da bagno	swimming/bathing costume	maillot de bain	Badeanzug, Badehose	bañador
cotoletta	cutlet, chop	côtelette	Schnitzel	chuleta
cotone	cotton	cotton	Baumwolle	algodón
cottura → angolo c.				
cravatta	tie	cravate	Krawatte, Schlips	corbata
creare	to create	créer	schaffen, kreieren	crear
creativo	creative	créatif	kreativ, schöpferisch	creativo
creazione	creation	création	Schöpfung	creación
credere	to believe	croire	glauben, denken, annehmen	creer
credito → carta di c.				
crema	cream	crème	Creme	crema
crepare	to croak, to die	crever	verenden, sterben	morir
crescere	to grow	grandir, augmenter	aufwachsen	crecer
cretino	cretin, idiot, moron	crétin	Trottel, Dummkopf	tonto
crisi	crisis	crise	Krise	crisis
cristallo	crystal	cristal	Kristall	cristal
criterio	criterion, principle	critère	Kriterium, Maßstab	criterio
croccante	crispy	croquant	knusprig	crujiente
croce	cross	croix	Kreuz	cruz
cronaca	account, news	chronique, compte-rendu	Bericht, Nachrichten	crónica, página de sucesos
cronologico	chronologic(al)	chronologique	chronologisch, zeitlich	cronológico

ITALIANO	ENGLISH	FRANÇAIS	DEUTSCH	ESPAÑOL
			geordnet	
cruciverba	crossword (puzzle)	mots croisés	Kreuzworträtsel	crucigrama
crudo	raw, uncooked	cru	roh, ungekocht	crudo
cucchiaino	teaspoon	petite cuillière	kleiner Löffel	cucharita
cucchiaio	spoon	cuillière	Löffel	cuchara
cucina	cuisine, kitchen	cuisine	Küche, Kochkunst	comida, cocina
cucinare	to cook	cuisiner	kochen, zubereiten	cocinar
cugino	cousin	cousin	Cousin, Vetter	primo
cultura	culture	culture	Kultur	cultura
culturale	cultural	culturel	kulturell, Kultur…	cultural
cuoco	cook	cuisinier	Koch	cocinero
cuore	heart	cœur	Herz	corazón
cupola	dome	coupole	Kuppel	cúpula
curare	to treat	soigner	pflegen	curar, cuidar
curato	looked after, well-trimmed	soigné	gepflegt	cuidado; non c.: descuidado
curiosità	curiosity	curiosité	Kuriosität, Neugier	curiosidad
curioso	curious	curieux	neugierig	curioso
curva	the curved sector of the stadium	virage	Kurve	curva
custodia	case, casing	étui	Etui, Futteral	funda
dai!	come on!	allez!	los, vorwärts	¡venga!
ma dai!	come on!	allez!	Los!, na, Komm!	¡venga ya!
danese	Danish	danois	Däne, dänisch	danés
danza	dance	danse	Tanz	danza
dappertutto	everywhere, all over	partout	überall	por todas partes
dapprima	at first	tout d'abord	anfangs, zuerst	primeramente
dare	to give	donner; *d. un'occhiata:* jeter un coup d'oeil; *d. un esame:* passer un examen	geben, erteilen, reichen, übergeben, hinausgehen; *d. un'occhiata o uno sguardo:* einen Blick werfen	dar; *d. un passaggio:* acompañar; *d. un'occhiata:* echar un vistazo; *d. un esame:* hacer un examen
data	date	date	Datum	fecha
davanti	in front, before	devant	vorn; *d. a:* vor	delante de
davvero	really	vraiment	wirklich, wahrhaftig	realmente, de verdad, en serio
decaffeinato	decaffeinated	décaféiné	koffeinfrei	descafeinado
decalogo	rules, handbook	décalogue	Gebote, Vorschriften, Zehn Gebote	decálogo
decidere	to decide	décider	bestimmen, beschließen, entscheiden	decidir
decimo	tenth	dizième	zehnte	décimo
decina	dozen	dizaine	Dutzend	decena
decisione	decision, resolution	décision	Entschluss, Entscheidung	decisión
deformazione	*d. professionale:* professional bias	déformation	*d. professionale:* berufsbedingte Einseitigkeit	deformación
degradabile	degradable	(bio)dégradable	abbaubar	degradable
delicato	gentle	délicat	zart; *aria d.:* zartes Äußeres	delicado
delinquente	criminal, delinquent, offender	délinquant	Verbrecher	delincuente
deludente	disappointing, unrewarding	decevant	enttäuschend	decepcionante
deludere	to disappoint, to let (sb) down	decevoir	enttäuschen	decepcionar
deluso	disappointed, disheartened	deçu	enttäuscht	decepcionado
denominazione	*d. di origine controllata:* appellation (d'origine) contrôlée	*d. di origine controllata:* appellation d'origine contrôlée	*d. di origine controllata:* kontrollierte Herkunftsbezeichnung	denominación
dente	tooth	dent	Zahn; *al d.:* bissfest	diente
dentifricio	toothpaste	dentifrice	Zahnpasta	dentífrico
dentista	dentist, dental surgeon	dentiste	Zahnarzt	dentista
dentro	in, inside, within	dans, dedans, à l'intérieur	drinnen, hinein; in ; hinein	dentro
depliant	brochure, leaflet	dépliant	Prospekt	folleto
derubare	to rob, to defraud, to deprive	voler, dérober	berauben	engañar, robar

ITALIANO	ENGLISH	FRANÇAIS	DEUTSCH	ESPAÑOL
deserto	desert	désert	Wüste	desierto
desiderare	to wish, to desire	désirer	wünschen, ersehnen, verlangen	desear
desiderio	desire, wish, fancy	désir	Wunsch, Begehren, Verlangen	deseo
design	design	design	Design	diseño
designer	designer	designer	Designer	diseñador
destinazione	destination	destination	Bestimmungsort, Ziel	destino
destino	destiny, fate	destin	Schicksal	destino
destra	right, right side	droite	*a d.:* rechts	derecha
detersivo	detergent, washing-up liquid	détergent	Waschmittel, Reinigungsmittel	detergente
dialettale	dialectal	dialectal	dialektal, mundartlich	dialectal
dialetto	dialect	dialecte	Dialekt	dialecto
dialogo	dialogue	dialogue	Dialog, Gespräch	diálogo
diamante	diamond	diamant	Diamant	diamante
diario	diary	journal intime	Tagebuch, Notizbuch	diario
dieta	diet	régime	Diät	dieta
dietro	behind, in/at/on the back	derrière	hinter; hinten, dahinter; *da d.:* von hinten; *lì d.:* dorthinten	atrás, detrás
difendere	to defend	défendre	verteidigen	defender
differenza	difference	différence	Unterschied	diferencia
difficile	difficult	difficile	schwierig, schwer, mühsam	difícil
diffidente	suspicious, distrustful	méfiant	misstrauisch	desconfiado
digerire	to digest	digérer	verdauen	digerir
dimensione	dimension	dimension	Dimension, Größe	dimensión
dimenticare	to forget	oublier	vergessen	olvidar
dimostrare	to show, to look	démontrer	aussehen	aparentar
dinamico	dynamic	dynamique	dynamisch	dinámico
Dio	God	Dieu	Gott	Dios
dipendente	dependent	dépendant	abhängig	dependiente
dipendere	to depend	dépendre	abhängen; *dipende:* es kommt darauf an	depender
dipingere	to paint	peindre	malen	pintar
dipinto	painting	peinture	Gemälde	pintura
dire	to say, to tell	dire	sagen, ausdrücken	decir
direttamente	directly	directement	direkt, gradewegs	directamente
diretto	direct	direct	direkt; *un treno d.:* ein Zug in Richtung	directo
direttore	director	directeur	Direktor; *d. d'orchestra:* Dirigent	director
direzionale → centro d.				
direzione	direction	direction	Richtung	dirección
dirigersi	to head, to set off	se diriger	zugehen	dirigirse
diritto	right	droit	Recht	derecho
disaccordo	dissension	désaccord	Uneinigkeit, Unstimmigkeit	desacuerdo
disagio	awkwardness, embarrassment	malaise, gêne; *sentirsi a d.:* se sentir mal à l'aise	*sentirsi a d.:* sich nicht wohl fühlen, Missbehagen empfinden	a disgusto
disastro	disaster	désastre	Fiasko, Katastrophe	desastre
disastroso	disastrous, catastrophic	désastreux	katastrophal, verheerend	desastroso
disco	record, disc	disque	CD, Platte	disco
discorso	speech, conversation	discours	Gespräch, Argumentation	discurso
discoteca	disco, discotheque	discothèque	Diskothek	discoteca
discreto	reasonable, fairly good	discret	ganz gut, dezent	discreto
discussione	discussion, talk	discussion	Diskussion	discusión
discutere	to discuss, to talk	discuter	diskutieren, erörtern	discutir
disegnare	to draw	dessiner	zeichnen, entwerfen	dibujar
disegnatore	drawer, designer	dessinateur	Zeichner	dibujante
disegno	drawing	dessein	Zeichnung	dibujo
disgraziato	wretch	cet enfoiré	Gauner, Schurke	desgraciado
disgustato	disgusted	dégoûté	angewidert, angeekelt	*essere d.:* sentir repugnancia, repulsión
disoccupato	unemployed	chômeur	arbeitslos	parado, desempleado

ITALIANO	ENGLISH	FRANÇAIS	DEUTSCH	ESPAÑOL
disonesto	dishonest	malhonnête	unehrlich	deshonesto, inmoral
disordinato	messy, untidy	désordonné	wirr, unordentlich	desordenado
disordine	mess, shambles	désordre	Durcheinander, Unordnung	desorden
disperazione	despair	désespoir	Verzweiflung, Hoffnungslosigkeit	desesperación
dispiacere	sorrow, to be sorry (for/about), to mind	chagrin; ennuyer; être désolé, regretter	Bedauern, Sorge; bedauern, Leid tun, etwas ausmachen	disgusto; *mi dispiace:* lo siento; *ti dispiacerebbe:* te importaría
disponibile	inclined	disponible	hilfsbereit	disponible
distanza	distance	distance	Entfernung, Distanz	distancia
distare	to be far apart	être à (quelle) distance	entfernt sein	distar
distinguere	to differentiate	distinguer	unterscheiden	distinguir
distratto	absent-minded, forgetful	distrait	zerstreut, unaufmerksam, geistesabwesend	distraído, despistado
distrazione	distraction, inattention	distraction	Ablenkung	distracción
distributore	dispenser	distributeur	Verkaufsautomat	máquina
distribuzione	distribution	distribution	Verteilung	distribución
disturbare	to disturb	déranger	stören	molestar
disturbo	trouble, inconvenience	dérangement	Störung	molestia
dito	finger	doigt	Finger	dedo
ditta	company, firm	firme	Firma, Betrieb	empresa
diva	star	diva, star	Diva, Star	diva
divano	couch, sofa	divan	Sofa, Couch	sofá
diventare	to become	devenir	werden, sich verändern	transformarse, convertirse en, hacerse, ponerse, llegar a ser, volverse
diverso	different	différent, divers	verschieden, unterschiedlich, anders	diferente, diverso
divertente	funny, amusing	amusant	unterhaltsam, belustigend, amüsant	divertido
divertirsi	to have fun, to have a good time	s'amuser	sich vergnügen, Spaß haben	divertirse
dividere	to divide, to separate	diviser	aufteilen, teilen	dividir
divisa	uniform	uniforme	Uniform	uniforme
dizionario	dictionary	dictionnaire	Wörterbuch	diccionario
doccia	shower; *fare la d.:* to have a shower	douche; *fare la d.:* prendre une douche	Dusche; *fare la doccia:* duschen	ducha; *fare la d.:* ducharse
documento	document, paper	document	Dokument, Ausweis	documento
dolce	sweet, dessert	doux, sucré; gâteau, dessert	süß; Süßspeise	dulce; postre
dolcificazione	sweetening	édulcoration	Süßen, Süßmachung	dulzor
domanda	inquiry, query	demande	Anfrage, Frage	pregunta
domandare	to ask	demander	fragen	preguntar
domani	tomorrow	demain	morgen	mañana
domenica	Sunday	Dimanche	Sonntag	domingo
domestica	domestic, maid	domestique	Haus…, häuslich; Bedienstete, Dienstmädchen	doméstica; asistenta, señora de la limpieza
dongiovanni	womanizer, philanderer	don Juan	Frauenheld, Don Juan	donjuán
donna	woman	femme	Frau, Geliebte	mujer
dopo	after, then, afterwards	après; *il giorno d.:* le lendemain	nach (Präp. Dat.), hinter (Präp. Dat.), später (Adv.); *d. che:* nachdem	después, luego; *il giorno d.:* al día siguiente
dopodomani	the day after tomorrow	après-demain	Übermorgen	pasado mañana
dopoguerra	post-war	après-guerre	Nachkriegszeit	posguerra
dopotutto	after all	après-tout	schließlich, letzten Endes, im Grunde, eigentlich	al fin y al cabo
doppi servizi	two bathrooms	deux salles de bain	zwei Badezimmer	dos baños
dormire	to sleep	dormir	schlafen	dormir
dotto	learned, erudite	docte, savant	Gelehrte	culto
dottore	doctor; doctor	docteur, médecin; docteur	Arzt; Doktortitel entsprechend Diplom…	médico; licenciado, doctor
dove	where	où	wo, wohin, indem; *di d.:* woher	donde; *interr.:* dónde
dovere	duty; must, to have to	devoir; devoir	Pflicht; müssen, sollen,	deber; deber, tener que

ITALIANO	ENGLISH	FRANÇAIS	DEUTSCH	ESPAÑOL
			dürfen, schulden	
dritto	straight	droit	geradeaus	recto, derecho
dubitare	to doubt	douter	zweifeln, bezweifeln	dudar
dunque	then, well, therefore	donc	also, demnach	bueno, pues, entonces
duomo	cathedral	dôme, cathédrale	Dom	catedral
durante	during, in the midst of	durant, pendant	während, im Laufe; *d. il giorno:* tagsüber	durante
durata	duration	durée	Dauer	duración
ebraico	Jewish	juif	jüdisch	judío
eccessivo	extravagant, exaggerated	excessif	übertrieben	excesivo
eccetera	etcetera	et caetera	und so weiter, und so fort	etcétera
eccezionale	remarkable, extraordinary	exceptionnel	außergewöhnlich, einmalig, einzigartig	excepcional
eccitato	excited, thrilled	excité	aufgeregt	excitado
ecco	here, there	voilà	hier, da, da kommt, da ist, da sind, da hast du	he aquí; ¡vaya!; por fin; mire; ¡ea!; *eccolo Piero:* aquí está P.; *e. a lei:* aquí tiene
economia	Economics	économie	Wirtschaft	economía
economicamente	economically	économiquement	finanziell	económicamente
economico	economic, inexpensive, cheap	économique	wirtschaftlich, preiswert	económico; barato
edicola	kiosk, news-stand, newsagent('s)	kiosque	Zeitungskiosk, Zeitungsladen	quiosco
edificio	building	édifice, bâtiment	Gebäude	edificio
effettivamente	actually, really, in effect	effectivement	in der Tat	en efecto
effetto	impression, effect	effet	Eindruck, Wirkung, Effekt	efecto
effettuare	*e. una fermata:* to make a stop	effectuer	durchführen	efectuar
egoista	selfish	égoïste	Egoist	egoista
Ehi	hey	hé	heda, he	¡Eh!
elaborare	to formulate	élaborer	ausarbeiten	elaborar
elegante	elegant, stylish, smart	élégant	elegant	elegante
elencare	to list	énumérer	aufzählen, aufführen	enumerar, hacer una lista
elenco	list	liste	Liste, Verzeichnis	lista, listado
elenco telefonico	phone book, directory	annuaire téléphonique	Telefonbuch	guía telefónica
elettricista	electrician	électricien	Elektriker	electricista
elettronico	electronic	électronique	elektronisch	electrónico
elettrosmog	electrosmog	électrosmog	Elektrosmog	contaminación electromagnética
elezione	election	élection	Wahl	elección
elicottero	helicopter	hélicoptère	Hubschrauber	helicóptero
emigrante	emigrant	émigrant	Auswanderer	emigrante
emigrare	to emigrate, to expatriate	émigrer	auswandern, emigrieren	emigrar
emiliano	Emilian, native or inhabintant of Emilia	émilien, de l'Emilie	emilianisch	emiliano
emotivo	emotional	émotif	aufregend	emotivo
emozionante	moving, touching, thrilling	émouvant, palpitant	spannend, aufregend	emocionante
emozionarsi	to get excited/thrilled	s'émouvoir	sich erregen	emocionarse
emozionato	excited, thrilled	ému	aufgeregt	emocionado
emozione	emotional	émotion	Gefühl	emoción
energia	strenght	énergie	Energie	fuerzas
enorme	enormous, huge, immense	énorme	riesig	enorme
entrambi	both	tous les deux	beide	ambos, los dos
entrare	to go in(to), to enter	entrer	hineingehen, hineinfahren, betreten, hereinkommen, einsteigen; *e. in contatto:* Kontakt aufnehmen	entrar
episodio	episode, instalment	épisode	Episode	episodio
epoca	period, age	époque	Epoche	época
eppure	yet, but, however, though	pourtant	dennoch	y sin embargo
equivalente	corresponding	équivalent	entsprechend	equivalente
erba	grass	herbe	Gras	hierba

ITALIANO	ENGLISH	FRANÇAIS	DEUTSCH	ESPAÑOL
eroico	heroic(al)	héroïque	heldenhaft	heróico
errore	mistake, error, fault	erreur	Fehler	error
esagerare	to exaggerate	exagérer	übertreiben	exagerar
esagerato	exaggerated, excessive; *prezzo e.:* stiff price	exagéré	übertrieben	exagerado
esame	exam	examen	Prüfung, Examen	examen
esattamente	exactly	exactement	genau	exactamente
esatto	exact	exact	genau	exacto
escludere	to exclude, to leave out	exclure	ausschließen	excluír
esclusivamente	exclusively	exclusivement	ausschließlich	exclusivamente
esempio	example	exemple	Beispiel; *per e.:* zum Beispiel	ejemplo
esigente	demanding, difficult	exigeant	anspruchsvoll	exigente
esistere	to exist	exister	existieren, geben	existir
esortare	to exhort	exhorter	ermuntern, auffordern	exhortar
esotico	exotic	exotique	exotisch	exótico
esperienza	experience	expérience	Erlebnis, Erfahrung	experiencia
esponente	exponent	représentant	Vertreter	representante
espositore	display unit	présentoir	Ausstellungsregal	expositor
espresso	espresso; express (train)	express; express	Espresso; D-Zug	café hecho en el bar, exprés; expreso
esprimere	to express, to signify, to mean	exprimer	ausdrücken	expresar
est	east	est	Osten	este
estate	summer	été	Sommer	verano
esterno	exterior, outside	extérieur	Äußere	*gli e.:* los exteriores
estivo	summery	estival, d'été	Sommer…	estivo
estrarre	to draw (a number)	extraire	ziehen	extraer
estrazione sociale	walk of life, milieu, extraction	milieu social	soziale schicht	extracción social
età	age	âge	Alter	edad
euro	euro	euro	Euro	euro
europeo	European	européen	europäisch	europeo
eventualmente	in case, in the event that	éventuellement	eventuell	si es necesario, eventualmente
evitare	to avoid	éviter	ausweichen	evitar
extracomunitario	non-European, non-EU	extracommunautaire	Nicht-UE-Bürger	extracomunitario
fa	ago	il y a	*un anno f.:* vor einem Jahr	hace
facciata	façade	façade	Fassade	fachada
facile	easy	facile	leicht, einfach, unbeschwerlich	fácil
facilitare	to help	faciliter	erleichtern	facilitar
facilmente	easily	facilement	leicht	facilmente
facoltà	faculty	faculté	Fakultät	facultad
falegname	carpenter	menuisier	Tischler, Schreiner	carpintero
fama	fame	réputation	Ruf	fama
fame	hunger	faim	Hunger, Elend	hambre
famiglia	family	famille	Familie	familia
familiare	informal	familial, familier	Familien…, familiär	familiar
famoso	famous, well-known	fameux	berühmt	famoso
fanatico	fanatic, extremist	fanatique	Fanatiker	fanático
fantastico	wonderful, terrific, fantastic	fantastique	fantastisch, großartig	fantástico
fare	to do, to make	faire; *f. il giornalista:* être journaliste; *f. colazione:* prendre un petit déjeuner	machen, tun, sein (Beruf), überbringen (Glückwünsche), zubereiten (Gericht, Kaffee), lösen (Fahrkarte), stellen (Frage), wählen (Nr.Tel.), aufstellen (Vergleich, Hypothese); *f. la spesa:* einkaufen	hacer; *f. un giro:* dar una vuelta; *f. Il giornalista:* ser periodista; *f. gli auguri:* felicitar; *f. colazione:* desayunar
farina	flour	farine	Mehl	harina
farmacia	farmacy, chemist	pharmacie	Apotheke	farmacia
fascio	bundle	liasse	Stoß	fajo
fastidio	bother; *dare f.:* to bother, to annoy	gêne; *dare f.:* gêner	*dare f.:* belästigen	*dare f.:* molestar
fata	fairy	fée	Fee	hada

ITALIANO	ENGLISH	FRANÇAIS	DEUTSCH	ESPAÑOL
faticosamente	laboriously, with difficulty	péniblement	mühsam	con esfuerzo, trabajosamente
faticoso	tiring, exhausting	fatigant	anstrengend, mühsam	cansado, pesado
fatto	event, episode, fact, occurrence	fait	Ereignis	hecho
favola	fairy tale	fable, conte de fées	Märchen	fabula
favore	favour; *per f.:* please	service; *per f.:* s'il vous / te plaît	Gefallen; *per f.:* bitte	favor
favorire	*volete f.?:* would you like (to have) some?, will you join me?	*volete f.?:* vous en voulez?	*volete f.?:* darf ich Ihnen etwas enbieten?	*volete f.?:* ¿gustan?
fax	fax	fax	Fax	fax
febbre	temperature	fièvre	Fieber	fiebre
fedele	faithful, church-goer	fidèle	treu, Gläubige	fiel
fede	engagement ring	alliance	Verlobungsring	alianza
felice	happy	heureux	glücklich	feliz, contento
ferie	holidays	congé annuel, congés payés	Ferien, Urlaub	vacaciones
ferito	injured, wounded	blessé	Verletzte, verletzt	herido
fermare	to stop	arrêter	anhalten	parar
fermata	stop	arrêt	Haltestelle, Halt	parada
fermo	stationary	arrêté	*essere f.:* still stehen; *restare f.:* stehen bleiben	parado, situado
ferro da stiro	iron	fer à repasser	Bügeleisen	plancha
ferrovia	railway	chemin de fer	Eisenbahn	ferrocarril, vías del tren
ferroviario	rail	ferroviaire	Eisenbahn…, Zug…	ferroviario
ferroviere	railwayman, railroader	cheminot	Eisenbahner	ferroviario
festa	holiday, party	jour férié; fête	Feiertag; Fest, Feier	fiesta
festeggiare	to celebrate	fêter	feiern	celebrar
fetta	slice	tranche	Scheibe	rebanada
fetta biscottata	toasted bread	biscotte	Zwieback	pan tostado
fiacco	worn-out, listless	las, faible	schlaff	flojo, cansado, débil
a fianco	beside	à côté	nebenan	al lado
fico d'India	Indian fig	figues de Barbarie	Feigenkaktus	chumbera, higo chumbo
fidanzato	boyfriend, fiancé	fiancé	Verlobte	novio, prometido
fidarsi	to trust	se fier	trauen	fiarse
figlio	child, son	fils	Sohn	hijo
figura	*fare bella f.:* to put up a good show, to cut a good figure	*fare bella f.:* briller	*fare bella f.:* gut abschneiden, eine gute Figur abgeben	*fare bella f.:* quedar bien
figurarsi	*figurati:* not at all	se figurer; *figurati:* penses-tu!	sich vorstellen; *figurati:* ich bitte dich	imaginar; *figurati:* no te preocupes, no es nada
fila	*fare la f.:* to queue (up), to wait in line; *parcheggiare in doppia f.:* to double-park	file	*fare la f.:* Schlange stehen; *seconda f.:* zweite Reihe	fila, cola
filetto	sirloin, undercut	filet	Filet	filete, solomillo
filippino	Filipino	philippin	Philippiner	filipino
film	movie, film	film	Film	película
filosofo	philosopher	philosophe	Philosoph	filósofo
finale	ending	finale; fin	Schlusszene	final
finalmente	eventually, at last	finalement	endlich	por fin, finalmente
finanza → guardia di f.				
fine	end, closing, eventually; *f. settimana:* week-end; *alla f.:* in the end	fin; *f. settimana:* week-end	Ende	final; fin
finestra	window	fenêtre	Fenster	ventana
finestrino	window, side window	fenêtre	Fenster	ventanilla
fingere	to pretend	feindre	vortäuschen	fingir
finire	to finish, to end	finir	beenden, enden, aufhören	terminar, acabar, dejar de
fino a	until	jusqu'à	bis	hasta
finora	so far, until now	jusqu'à présent	bisher	hasta ahora
finto	imitation	faux	falsch, unecht	falso
fiocco	bow	rosette, nœud	Schleife	lazo
fiore	flower	fleur	Blume	flor
fiorentino	Florentine	florentin	Florentinisch, Florentiner, florentinisch	florentino

ITALIANO	ENGLISH	FRANÇAIS	DEUTSCH	ESPAÑOL
firmare	to sign	signer	unterschreiben	firmar
fischiare	to whistle	siffler	pfeifen	pitar
fisica	Physics	physique	Physik	física
fisico	body, appearance	physique	Körper…, körperlich; Figur	físico
fissato	obsessed (with), hooked (on)	maniaque	fixiert	obsesionado; *essere f. con:* tener manía por
fiume	river	fleuve	Fluss	río
foglia	leaf	feuille	Blatt (Pflanze)	hoja
foglio	sheet of paper	feuille	Blatt (Papier)	folio, hoja
fondamentale	essential, basic, fundamental	fondamental	wesentlich	fundamental
fondare	to found	fonder	gründen	fundar
fondo	*in f. a:* at the end; *in f.:* after all	*in f. a:* au fond de; *in f.:* au fond	*in f. a:* am Ende *in f.:* schließlich	*in f. a:* al fondo a…; *in f.:* en el fondo
fontana	fountain	fontaine	Brunnen	fuente
fontanella	drinking fountain	petite fontaine	Straßenbrunnen	fuente
forchetta	fork	fourchette	Gabel	tenedor
forma	style; *essere in f.:* to be in trim/in shape/on form, to be fit	forme	Form	forma; manera
formaggio	cheese	fromage	Käse	queso
formale	formal	formel	förmlich	formal
formare	to make, to construct	former	bilden	formar
formula	formula	formule	Formel	fórmula
formulare	to formulate	formuler	formulieren, aufstellen	formular
forno	oven	four	Ofen	horno
forse	perhaps, maybe	peut-être	vielleicht	quizás, a lo mejor, tal vez
forte	strong	fort	stark	fuerte; terrible
fortuna	luck; *per f.:* it's a good thing that…	fortune, chance; *per f.:* heureusement	Glück	suerte, fortuna
fortunato	lucky	chanceux	erfolgreich	afortunado
forza	strength; *a f. di pensarci:* through thinking; *f. Roma/Lazio!:* Come on, Roma/Lazio!	force; *f. Roma!:* allez Rome!	Kraft, vorwärts	fuerza; *f. Roma/Lazio!:* exclamación de ánimo
foto	photo	photo	Foto	foto
fotocopia	photocopy	photocopie	Fotokopie	fotocopia
fotografare	to photograph, to take a photograph	photographier	fotografieren	hacer fotos, fotografiar
fotografia	photograph	photographie	fotografieren	fotografía
fotografico	photographic	photographique	Fotoapparat	fotográfico
fotografo	photographer	photographe	fotografieren	fotógrafo
fotomodella	(fashion) model	top model	Fotomodell	fotomodelo
fragola	strawberry	fraise	Erdbeere	fresa
frammento	bit	fragment	Bruchstück	fragmentos
francese	French; French, the French language; Frenchman	français	französisch; Französisch; Franzose	francés; francés
francobollo	stamp, postage stamp	timbre	Briefmarke	sello
frase	sentence, clause, line	phrase	Satz	frase
frate	friar, monk	moine	Ordensbrüder	fraile
fratello	brother	frère	Bruder	hermano
freddo	cold	froid	kalt, Kälte	frío
free-lance	freelance	free-lance	unabhängig	colaborador externo
fregatura	rip-off, swizz, swindle	escroquerie, entubage	Reinfall, Betrug	timo
frenare	to brake, to put on the brakes	freiner	bremsen	frenar
frequentare	to attend	fréquenter	besuchen, ein- und ausgehen	*f. un corso:* hacer un curso; *f. l'università:* estudiar en la universidad
frequente	frequent	fréquent	häufig	normal, frecuente
fresco	cool, fresh, icy cold	frais	frisch, kühl, Frische	fresco
fretta	haste, hurry, rush	hâte	Eile	prisa
frettolosamente	in a rush/hurry, in grate haste, hurriedly	hâtivement	eilig	deprisa
frigo/frigorifero	fridge, refrigerator	frigo, réfrigérateur, frigidaire	Kühlschrank	frigo, frigorífico
di **fronte**	before, in front of,	en face de	gegenüber	frente a

ITALIANO	ENGLISH	FRANÇAIS	DEUTSCH	ESPAÑOL
	opposite			
frutta	fruit	fruits	Obst	fruta
fuggire	to run (away/off)	fuire	flüchten	huir, escapar
fulmine	lightning	foudre	Blitz	rayo
fumare	to smoke	fumer	rauchen	fumar
fumatore	smoker	fumeur	Raucher	fumador
fumetto	comic strip, caroon, speech bubble	bande dessinée	Sprechblase, Comic	comic, tebeo
fumo	smoke	fumée	Rauch	humo, tabaco
fungo	mushroom	champignon	Pilz	seta, champiñón
funzionare	to work	fonctionner	funktionieren, gehen	funcionar
fuori	outside	dehors	hinaus, auswärts, außer, draußen, heraus	fuera
futuro	future	futur	Zukunft	futuro
gabbiano	seagull	mouette	Möwe	gaviota
galleria	shopping arcade, gallery	galerie	Galerie, Passage	galería
gallina	hen	poule	Huhn	gallina
gamba	leg	jambe	Bein	pierna
gamberetto	shrimp	crevette	Garnele	gamba
gara	game, competition	compétition	Wettstreit, Wettkampf	competición
garage	garage	garage	Garage	garage
garantire	to guarantee	garantir	garantieren	garantizar
gas	gas	gaz	Gas	gas
gasato	sparkling	gazeux, pétillant	gashaltig	con gas
gatto	cat	chat	Katze	gato
gelateria	ice-cream parlour	café-glacier	Eiscafè	heladería
gelato	ice-cream	glace	Eis	helado
geloso	jealous	jaloux	eifersüchtig	celoso
gemello	twin brother	jumeau	Zwilling	gemelos
generalmente	generally, usually	généralement	in der Regel	generalmente
genere	kind, sort, type; *in g.:* generally	genre; *in g.:* en général	Art; *in g.:* im Allgemeinen	género; *in g.:* en general
generico	generic, indefinite	générique	unbestimmt	genérico
generoso	generous	généreux	selbstlos	generoso
genitore	parent	parent	Elternteil	*i g.:* padres
gennaio	January	janvier	Januar	enero
gente	people	gens	Leute, Volk, Menschen, Landsleute	gente
gentile	nice, kind, polite	gentil	freundlich, höflich, liebenswürdig	amable
gentiluomo	gentleman	gentilhomme	Gentleman	caballero
genuino	genuine	authentique, naturel	unverfälscht	genuino
gestione	management	gestion	Führung	conducción, gestión
gesto	gesture, act, attitude	geste	Geste	gesto
gettare	to throw	jeter	werfen, wegwerfen	tirar, echar
Ghetto	Ghetto	ghetto	G(h)etto, Judenviertel	gueto
ghiaccio	ice	glace	Eis	hielo
già	already, yet	déjà; *eh g.:* eh oui	schon, bereits	ya; *Eh g.:* así es
giacca	jacket	veste	Jacke	chaqueta
giallo	yellow, detective novel	jaune; *libro g.:* policier	gelb; *libro g.:* Kriminalroman, Krimi	amarillo; policiaco
giapponese	Japanese	japonais	Japaner, Japanisch, japanisch	japonés
giardino	garden	jardin	Garten	jardín
gigante	colossal, gigantic	géant	riesig, gigantisch	gigante
ginnastica	gymnastics, exercise	gymnastique	Gymnastik	gimnasia
ginocchio	knee	genou	Knie	rodilla
giocare	to play	jouer	spielen	jugar
giocattolo	toy	jouet	Spielzeug	juguete
gioco	game	jeu	Spiel	juego
gioia	joy	joie	Freude, Wonne	alegría
gioielleria	jeweller's (shop)	bijouterie	Juweliergeschäft	joyería
gioiello	jewel	bijou	Schmuckstück	joya
giornalaio	newsagent	marchand de journaux	Zeitungsverkäufer	kiosko
giornale	newspaper	journal	Zeitung	periódico
giornalista	journalist	journaliste	Journalist	periodista
giornalistico	journalistic	journalistique	Zeitungs…	periodístico
giornata	day	journée	Tag	día, jornada; *buona g.!:* que tengas un buen día

ITALIANO	ENGLISH	FRANÇAIS	DEUTSCH	ESPAÑOL
giorno	day	jour	Tag	día
giovane	young, youngster	jeune; jeune	jung, jugendlich; *i g.:* junge Leute, Jugendliche	joven; joven
giovanile	youthful	jeune	jugendlich	juvenil
giovedì	Thursday	Jeudi	Donnerstag	jueves
girare	to go round	tourner	herumgehen, abbiegen, umblättern, gehen durch, drehen	torcer, girar, dar vueltas
girarsi	to turn over, to spin round	se tourner	sich umdrehen, sich wenden	darse la vuelta
girasole	sunflower	tournesol	Sonnenblume	girasol
giro	tour, round, ride, walk	tour	Runde, Rundfahrt; *in g.:* herum...	recorrido; *fare un g.:* darse una vuelta; *va in g.:* muévete; *non c'è in g.:* no hay por aquí ; *g. turístico:* visita turística; *in g.:* por ahí
giù	down, below	en bas; *andare su e g.:* faire les cent pas; *sentirsi g.:* avoir le moral très bas	hinunter; *su e g.:* auf und ab; *sentirsi g.:* niedergeschlagen sein	abajo; *sentirsi g.:* tener la moral por los suelos
giubbotto	blouson, jacket	blouson	Jacke	cazadora, chaleco
giudicare	to evaluate	juger	beurteilen	juzgar
giudizio	opinion	jugement	Urteil, Meinung	juicio
giugno	June	juin	Juni	junio
giustificarsi	to justify oneself	se justifier	sich rechtfertigen	justificarse
giusto	right, appropriate, correct	juste	recht, richtig, gerade	justo, apropiado; es verdad; *che cosa è g.:* lo que está bien
gnocchi	gnocchi, dumplings	gnocchi	Gnocchi (Kartoffelklößchen)	ñoquis (tipo de pasta hecha con patatas)
goal	goal	but	Tor	gol
goccia	drop	goutte	Tropfen	gota
goccio	drop	petite goutte	Tropfen, Schluck	gota
godersi	to enjoy	profiter de	genießen	disfrutar de
goloso	*essere g.:* to have a sweet tooth	gourmand	naschhaft	goloso
gommoso	gummy, rubbery	gommeux	gummiartig	como goma
gondola	gondola	gondole	Gondel	góndola
gonfiabile	inflatable	gonflable	aufblasbar	hinchable
gonna	skirt	jupe	Rock	falda
gradino	step	marche	Stufe	escalón
gradire	to like	vouloir	möchten, wünschen	apetecer
grado	degree	degré	Grad	grado
grammatica	grammar	grammaire	Grammatik	gramática
grammo	gram	gramme	Gramm	gramo
granché	much, nothing special	grand-chose	*nur in Negativsätzen: non è un g.:* es ist nichts Besonderes	*non è un g.:* no está mal, no es una maravilla
grande	big, large, massive, great	grand	groß, großartig, bedeutend, berühmt	grande
granita	water-ice, sorbet	granité, sorbet	gecrunchtes Wassereis in verschiedenen Geschmacksrichtungen	granizado-a
grappolo	cluster, bunch	grappe	Bund	ristra
grasso	fat	gras	dick	gordo
gratis	free, free of charge	gratis	umsonst	gratis
grattacielo	skyscraper	gratte-ciel, tour	Wolkenkratzer	rascacielos
grattugiato	grated	râpé	gerieben	rallado
grave	serious	grave	schwer	grave
grazie	thanks, thank you	merci	danke	gracias
greco	Greek	grec	Griechisch	griego
grembiule	pinafore	tablier	Schürze	babi
gridare	to shout, to cry, to yell	crier	schreien	gritar
grigio	grey	gris	grau	gris
grosso	big, large, massive, great	gros	groß, dick	gordo, grande
grotta	grotto, cave	grotte	Grotte, Höhle	cueva

ITALIANO	ENGLISH	FRANÇAIS	DEUTSCH	ESPAÑOL
gruppo	group	groupe	Gruppe	grupo, conjunto
guadagnare	to earn	gagner	verdienen, gewinnen	ganar
guaio	trouble	ennui, tracas	*che g.:* schöne Bescherung	problema
guanciale	bacon	lard	Speck	beicon
guanto	glove	gant	Handschuh	guante
guardare	to look at, to watch	regarder	betrachten, ansehen, beobachten, sehen, schauen, blicken, nachsehen	mirar
guardia di finanza	financial police	douaniers, policiers qui effectuent des contrôles financiers	Finanzpolizei	policia que se ocupa de auntos financieros
guarire	to heal, to recover	guérir	gesund werden	*sono guarito:* estoy curado
guerra	war	guerre	Krieg	guerra
guida	guide	guide	Führer, Reiseführer, Fremdenführer	guía
guidare	to drive	conduire	fahren	conducir
guidato	guided	guidé	Führung	guiado
guiness	Guiness Book of Records	guiness des records	Guiness-Buch der Rekorde	guiness
gusto	liking, taste, pleasure	goût	Geschmack	gusto, placer
hamburger	hamburger	hamburger	Hamburger	hamburguesa
hotel	hotel	hôtel	Hotel	hotel
idea	idea	idée	Absicht, Meinung, Idee, Vorstellung	idea
ideale	ideal	idéal	ideal	ideal
idraulico	plumber	plombier	Klempner	fontanero
iella	rough luck, hoodoo	poisse	Pech, Unglück	mala suerte
ieri	yesterday	hier	gestern	ayer
igiene	hygiene	hygiène	Hygiene	higiene
ignorante	ignorant	ignorant	unwissend	ignorante
illuminare	to light up, to brighten	éclairer	beleuchten	iluminar
imbarazzo	embarrassed; *in i.:* ill at ease	embarras	Verlegenheit	*sentiri in i.:* sentirse turbado, violento
imbarcarsi	to board, to embark	s'embarquer	sich einschiffen	embarcarse
imbarcazione	boat	bateau, embarcation	Boote	embarcación
imbecille	moron	imbécil	Dummkopf	imbécil
imitare	to imitate	imiter	nachahmen	imitar
Immaginare	to imagine	imaginer	sich vorstellen	imaginar
immaginario	imaginary	imaginaire	Fantasie...	imaginario
immagine	image, picture	image	Symbol, Bild	imagen
immediatamente	immediately	immédiatement	sofort, unverzüglich	inmediatamente
immenso	immense, boundless	immense	unendlich	inmenso
immigrato	immigrant	immigré	Einwanderer	inmigrante
immobile	still	immobile	regungslos	inmóvil
imparare	to learn	apprendre	lernen, erlernen	aprender
impaziente	impatient	impatient	ungeduldig	impaciente
impazienza	impatience	impatience	Ungeduld	impaciencia
fare impazzire	to drive sb crazy	faire devenir fou	den Verstand verlieren lassen	enloquecer, volver loco
impegnativo	challenging	important, difficile	anspruchsvoll	duro
impegnato	committed	engagé	beschäftigt	comprometido
impegno	commitment	engagement	Einsatz	empeño
imperatore	emperor	empereur	Kaiser	emperador
impermeabile	raincoat	imperméable	Regenmantel	gabardina, impermeable
impiegato	clerk	employé	Angestellte	empleado
impietosirsi	to take pity	s'apitoyer	sich erbarmen	apiadarse
importante	important, the main thing	important; important	wichtig, bedeutend; Hauptsache	importante; importante
importanza	importance	importance	Wert, Wichtigkeit	importancia
importare	to matter	importer	*non importa:* das macht nichts	importar
impossibile	impossible	impossible	unmöglich	imposible
impregnato	pervaded	imprégné	durchtränkt	impregnado
imprenditore	enterpriser	entrepreneur	Unternehmer	empresario
impresa	undertaking	entreprise	Unternehmen	empresa
improvvisamente	suddenly, all at once, all	soudainement	plötzlich	de repente

ITALIANO	ENGLISH	FRANÇAIS	DEUTSCH	ESPAÑOL
all'improvviso	of a sudden suddenly, all at once, all of a sudden	à l'improviste	plötzlich	de repente, de sopetón
inaspettato	unexpected	inattendu	unerwartet	inesperado
inattivo	idle	inactif	untätig	inactivo
inaugurazione	inauguration, opening	inauguration	Eröffnung, Einweihung	inauguración
incantare	to charm, to enchant	enchanter	verzaubern	encantar, fascinar
incantato	enchanted	enchanté	verzaubert	mágico
incantevole	enchanting, charming	ravissant	bezaubernd	encantador
incapace	wimp	incapable	unfähig	inútil
incartare	to wrap	envelopper	einpacken	envolver
incellophanare	to wrap in chellophane	envelopper dans le cellophane	in Cellophan einwickeln	envolver con papel celofán
incidente	accident	accident	Unglück, Unfall	accidente
incominciare	to start	commencer	beginnen, anfangen	empezar
incompiuto	unfinished	inachevé	unvollendet	inacabado, sin terminar
incomprensibile	unintelligible	incompréhensible	unverständlich	incomprensible
inconfondibile	unmistakable	incomparable, unique	unverwechselbar	inconfundible
incontrare	to meet	rencontrer	treffen, begegnen	encontrar, ver, quedar, coincidir
incontrarsi	to meet, to get together	se rencontrer	sich treffen, sich begegnen	quedar
incontro	meeting, appointment; match, game	rencontre	Begegnung, Treffen	encuentro; partido, competición
incoraggiare	to encourage	encourager	ermutigen	animar
incredibile	unbelievable, incredible	incroyable	unglaublich	increible
incrociare	to cross	croiser	kreuzen	cruzarse con
incrocio	crossroads	croisement	Kreuzung	cruce
incuriosito	intrigued	intrigué	neugierig	intrigado
indagine	investigation	enquête	Nachforschung	investigación, indagación
indeciso	hesitant, uncertain	indécis	unentschlossen	indeciso
indiano	Indian	indien	indisch	de India, hindú
indicare	to show, to mean, to denote	indiquer	angeben, nennen, zeigen, hinweisen auf	indicar, señalar
indicazione	road sign	indication	Ausschilderung	indicación
indietro	back	en arrière	zurück	atrás, hacia atrás
indipendente	independent	indépendant	selbstständig	independiente
indirizzo	address; (line of) studies	adresse; filière, orientation	Adresse; Richtung	dirección; en la especialidad de
indispensabile	indispensable, necessary	indispensable	unentbehrlich, unabdingbar	indispensable
individuare	to identify, to recognize	identifier	erkennen, ausmachen	localizar
indovinare	to guess	deviner	erraten, raten	adivinar
industria	industry	industrie	Industrie	industria
industriale	industrial, industrialist, manufacturer	industriel; industriel	Industrie..., industriell; Industrielle	industrial; industrial
infanzia	childhood	enfance	Kindheit	infancia
infatti	indeed, actually, but, that's right, exactly	en effet	in der Tat, tatsächlich, nämlich	en efecto, de hecho
infedeltà	unfaithfulness	infidélité	Untreue	infidelidad
infine	in the end, after all	enfin; finalement	schließlich, endlich, am Ende	por último, al final
infinito	countless	infini	unzählig	infinito
informatica	informatics, computer science	informatique	Informatik	informática
informatico	computer scientist	informaticien	Informatiker	informático
informazione	information	information	Information, Auskunft	información
ingegneria	engineering	études d'ingénieur	Technische Hochschule	ingeniería
inghiottire	to swallow	avaler	verschlungen	tragar, tragarse
inglese	English; englishman/englishwoman	anglais	englisch; Englisch; Engländer	inglés
ingombrante	bulky, cumbersome	encombrant	sperrig	voluminoso
ingrassare	to put on weight	grossir	dick werden, fett werden	engordar
ingrediente	ingredient	ingrédient	Zutat	ingrediente
ingresso	entrance, hall	entrée	Eingang	vestíbulo, entrada
ininterrottamente	continuously, incessantly	sans interruption	ohne Unterlass	ininterrumpidamente

ITALIANO	ENGLISH	FRANÇAIS	DEUTSCH	ESPAÑOL
ininterrotto	continuous, incessant, non-stop	ininterrompu	ununterbrochen	continuo
iniziare	to begin, to start	commencer	beginnen, anfangen; beginnen zu , anfangen zu	empezar; *i.a piovere:* ponerse a llover
inizio	beginning, start	début, commencement	Anfang Anfang, Beginn	principio, comienzo, inicio
innamorarsi	to fall in love	tomber amoureux	sich verlieben	enamorase
innamorato	in love	amoureux	verliebt	enamorado
innanzitutto	first of all, in the first place	avant tout	zunächst	ante todo
innovativo	innovative	novateur	innovativ	innovador
inoltre	besides	de plus, en outre	außerdem	además
inquinamento	pollution	pollution	Umweltverschmutzung	contaminación
inquinato	polluted	pollué	*città i.:* Stadt mit hoher Luftverschmutzung	contaminado
insalata	salad	salade	Salat	ensalada, lechuga
insegna	sign	enseigne	*i. pubblicitaria:* Reklameschild	cartel, rótulo, letrero
insegnante	teacher	enseignant, professeur	Lehrer	profesor
insegnare	to teach	enseigner	lehren, unterrichten	enseñar
inseguire	to pursue	poursuivre	folgen	perseguir
insieme	together	ensemble	zusammen	junto con, junto a, juntos; *stare i.:* salir con alguien
insistere	to insist	insister	dabei bleiben	empeñarse en querer
insofferente	restless, impatient	intolérant	genervt	impaciente
insolito	unusual, uncommon	insolite	ungewöhnlich	insólito
insomma	in conclusion/short; oh, well…	bref, en conclusion	also, schließlich	así, así; en definitiva, en resumidas cuentas
inspirare	to breath in	inspirer	einatmen	inspirar
intanto	in the meantime, anyhow, for one	entre temps	unterdessen, inzwischen, mittlerweile	mientras tanto, mientras, por el momento; *i. arriva il controllore:* en lo que llega el revisor
intatto	intact	intact	unversehrt	intacto
intelligente	intelligent	intelligent	intelligent	inteligente
intendere	to mean	entendre, compter	wollen, mögen	querer
intensità	intensity	intensité	Intensität	intensidad
intenso	intense	intense	intensiv	intenso
intenzione	intention	intention	Absicht	intención
Intercity	Intercity	TGV	Intercity	intercity, talgo
interessante	interesting	intéressant	interessant	interesante
interessare	to be interested	intéresser	interessieren	interesar
interesse	interest	intérêt	Interesse	interés
interferire	to interfere	interférer	sich einmischen	interferir, entrometerse
internazionale	international	international	international	internacional
internazionalmente	internationally	internationalement	international	internacionalmente
internet	internet	internet	Internet	internet
interni	interior	intérieur	Innen…	interiores
interno	apartment	porte	Wohnungsnummer	puerta
intero	whole	entier	ganz	entero
interpretazione	interpretation	interprétation	Interpretation, Deutung	interpretación
interrogare	to ask questions, to test orally	interroger	fragen, befragen, abfragen	interrogar, preguntar, examinarme
interrompere	to interrupt	interrompre	unterbrechen	interrumpir
intervento	speech	intervention	Vortrag	intervención
intervista	interview	interview	Interview	entrevista
intonazione	intonation	intonation	Ton	entonación
intorno	round, around	autour	ringsumher, ringsherum, um	alrededor, en torno a
intrecciare	to intertwine	nouer, entrelacer	verflechten, verknüpfen	entrelazar
introdurre	to introduce	introduire	einleiten	introducir
inutile	useless, pointless	inutile	unnütz, zwecklos	inútil
inutilmente	pointlessly	inutilement	vergebens	inútilmente
invadente	intrusive, interfering	envahissant	aufdringlich	indiscreta
invece	on the contrary, instead, on the other hand	au contraire, par contre	dagegen, hingegen, statt dessen; *i. di:* anstatt	en cambio, por el contrario, en lugar de

ITALIANO	ENGLISH	FRANÇAIS	DEUTSCH	ESPAÑOL
inventare	to invent	inventer	erfinden, ausdenken	inventar
inverno	winter	hiver	Winter	invierno
investire	to run over	heurter, renverser	überfahren	atropellar
invidia	envy	envie	Neid	envidia
invidiare	to envy	envier	beneiden	envidiar
invitare	to invite	inviter	einladen, bitten, auffordern	invitar
invitato	guest	invité	eingeladen	invitado
invito	invitation	invitation	Einladung	invitación
ipotesi	hypothesis	hypothèse	Hypothese	hipótesis
irlandese	Irish	irlandais	irisch, irländisch	irlandés
iscritto	enrolled	inscrit	eingeschrieben	matriculado
iscriversi	to enrol(l)	s'inscrire	sich einschreiben	matricularse
iscrizione	enrolment	inscription	Einschreibung, Anmeldung	matrícula
isola	island	île	Insel	isla
isolato	isolated, secluded	isolé	isoliert, abgelegen	aislado
ispirare	to inspire	inspirer	inspirieren	inspirar
ispirazione	inspiration	inspiration	Inspiration	inspiración
istantaneo	instantaneous	instantané	Instant…, Fertig…	instantáneo
istruzione	instruction	instruction, consigne	Anweisung	instrucción
itinerario	itinerary, route	itinéraire	Route	itinerario
judò	judo	judo	Judo	yudo
kiwi	kiwi	kiwi	Kiwi	kiwi
km	km	km	km, Kilometer	km
là	there	là	dort, da	allá , de allí
lacrima	tear	larme	Träne	lágrima
ladro	thief	voleur	Dieb	ladrón
laggiù	over there	là-bas	da, da drüben	allí más adelante, allí abajo, allá al fondo
lago	lake	lac	See	lago
lamentarsi	to complain, to moan	se plaindre	klagen, sich beschweren	quejarse
lampada	lamp	lampe	Lampe	lámpara
lana	wool	laine	Wolle	lana
largo	loose, oversized; Largo	large; place	weit; Platz	ancho; plazoleta, plazuela
lasagna	lasagna	lasagne	Lasagne-Nudel	lasaña
lasci lasci!	leave it!	laissez laissez!	lassen Sie's!	¡deje, deje!
lasciare	to leave, to let	quitter, laisser	aufgeben, liegenlassen, verlassen, sich trennen von, lassen	dejar; l. stare: déjalo ya; l. perdere: dejar correr
lassù	up there	là-haut	dort oben	allí arriba
latino	Latin	latin	latinisch	latino
lato	side	côté	Seite, Gesichtspunkt	lado
latte	milk	lait	Milch	leche
lattina	can	canette	Dose	lata
laurea	university degree	diplôme de fin d'études universitaires, maîtrise	Diplom	licenciatura
laurearsi	to take a degree, to graduate	obtenir le diplôme de fin d'études universitaires	den Universitätsabschluss erwerben	licenciarse
lavagna	blackboard, board	tableau noir	Tafel	pizarra
lavandino	sink, basin	évier, lavabo	Spüle	fregadero, pila
lavare	to wash	laver	wischen, abwaschen, waschen	fregar, lavar
lavarsi	to wash	se laver	sich waschen	lavarse
lavatrice	washing machine	machine à laver	Waschmaschine	lavadora
lavorare	to work	travailler	arbeiten, bearbeiten	trabajar
lavorazione	working	travail	Verarbeitung	trabajo, manufactura
lavoro	work	travail	Arbeit	trabajo
legame	link, connection	lien	Zusammenhang, Verbindung	conexión, nexo
legare	to tie up, to link	lier	binden	unir, arraigar
legge	law	loi	Gesetz	ley
leggenda	legend	légende	Legende	leyenda
leggere	to read	lire	lesen	leer
leggero	light, lightly	léger	schwach, leicht	ligero, liviano, light
legna	wood	bois	Holz	leña

ITALIANO	ENGLISH	FRANÇAIS	DEUTSCH	ESPAÑOL
legno	wood	bois	Holz	madera
lentamente	slowly	lentement	langsam	lentamente
lento	slow	lent	langsam, träge	lento
lenzuolo	sheet	drap	Bettlaken	sábana
lettera	letter	lettre	Buchstabe; Brief	letra; carta
letterario	literary	littéraire	Literatur...	literario
letteratura	literature	littérature	Literatur	literatura
Lettere	Arts, Humanities	Lettres, Faculté des Lettres	Literaturwissenschaften	Filosofía y Letras, Filología
letto	bed	lit	Bett	cama
lettura	reading	lecture	Lesen	lectura
lezione	lesson	leçon	Lektion, Unterricht, Vorlesung	clase
lì	there	là	da, dort	allí
libero	free	libre	frei	libre
libertà	freedom	liberté	Freiheit	libertad
libreria	bookshop, bookcase	librairie; étagère pour les livres	Buchhandlung	libreria, estantería
libro	book	livre	Buch	libro
licenza	leave	permission	Urlaub	permiso
liceo	liceo, secondary school	lycée	gymnasiale Oberstufe	instituto donde se realizan estudios de secundaria
limitato	limited	limité	begrenzt	limitado
limite	limit	limite	Grenze	límite
limonata	lemonade	limonade	Zitronenlimonade	limonada
Limoncello	Limoncello	liqueur à base de citron	Zitronenlikör	licor de limón
limone	lemon	citron	Zitrone	limón
limpido	clear, limpid, transparent	limpide	klar, durchsichtig	límpido
linea	line	ligne	Linie	línea
lingua	language	langue	Sprache	lengua
linguaggio	language, speech	langage	Sprache, Ausdrucksweise	lenguaje
linguine	linguine, tongue-shaped ribbons of pasta	linguine, tipe de pâtes	schmale Bandnudeln	tallarines
linguistico	linguistic(al)	linguistique	Sprach..., sprachlich	lingüístico
liofilizzato	lyophilized	lyophilisé	gefriergetrocknet	liofilizado
liquido	liquid, fluid	liquide	flüssig	líquido
liquore	liqueur, spirit, liquor	liqueur	Likör	licor
lira	cent	sous, rond	Lira	duro
lirica	opera	opéra	Lyrik	lírica
lirico	*cantante l.:* opera singer	*cantante l.:* chanteur d'opéra	Opern...	lírico
liscio	still	plat	still	sin gas, liso
lista	list	liste	Liste; *l. di nozze:* Liste der Geschenkwünsche zur Hochzeit	lista
lite	fight, quarrel, argument	dispute, litige	Streit	pelea, discusión
litigare	to fight	se disputer	streiten	pelear, discutir
litro	litre	litre	Liter	litro
locale	local; establishment	local; boîte	örtlich, ortsansässig; Lokal	local; bar de copas, pub
locandina	playbill	affiche	kleines Plakat	cartelera
lode	honours	félicitations du jury	Auszeichnung	matrícula de honor
loggia	loggia, arcade, gallery	loggia	Loggia, Bogengang	pórtico
logorato	worn out	usé	zermürbt	consumido, agotado
lontano	distant	loin	weit, entfernt	lejos
lotto	lotto, lottery	loto, loterie	Lotto	lotería primitiva, bonoloto
luce	light	lumière	Licht	luz
luglio	July	juillet	Juli	julio
luminoso	bright, luminous	lumineux	Licht..., hell	luminoso
lunedì	Monday	lundi	Montag	lunes
lunghezza	length	longueur	Länge	longitud
lungo	long	long	entlang, längs, dünn, lang; *a l.:* lange	largo
lungomare	seafront, waterfront, esplanade	promenade du bord de mer	Strandpromenade, Uferstrasse	paseo marítimo

ITALIANO	ENGLISH	FRANÇAIS	DEUTSCH	ESPAÑOL
lungotevere	Tiber embankment	quai du Tibre	Uferstrasse des Tibers	paseo a orillas del río Tíber
luogo	place	lieu	Ort, Platz	lugar
lupa	she-wolf	louve	Wölfin	loba
lupo	wolf	loup	Wolf	lobo
lusso	*negozio di l.:* a lavish store	luxe	Luxus	lujo
ma	but	mais	aber, jedoch, doch, sondern	pero
ma' (mamma)	ma, mom, mum	m'man	Mama	mamá
macché	not in the least, of course not	allons donc, voyons; *m. saldi:* mais quels soldes!	von wegen	*m. saldi:* pero qué rebajas ni rebajas; *m., figurati:* ¡qué va!
macchia	*m. mediterranea:* maquis/macchia/thicket	maquis	Buschwald	*m. mediterránea:* vegetación típica de las costas mediterráneas
macchiato	*caffé m.:* coffee with a dash of milk	avec un nuage de lait	mit einem Schuss Milch	*caffé m.:* café cortado
macchina	car; *m. parlante:* talking machine	voiture; machine	Auto; Automat	coche; máquina
macchina da scrivere	typewriter	machine à écrire	Schreibmaschine	máquina de escribir
macchina fotografica	camera	appareil photo	Fotoapparat	cámara
macchinista	train/engine driver	conducteur, machiniste	Lokomotivführer	maquinista
macedonia	fruit salad	salade de fruits	Obstsalat	macedonia
madre	mother	mère	Mutter	madre
maestro	teacher	maître	Lehrer	maestro
mafia	mafia	mafia	Mafia	mafia
magari	perhaps, possibly	peut-être, peut-être bien que, si ça se trouve	vielleicht	quizás, ójala
maggioranza	majority	majorité	Mehrheit	mayoría
maggiore	highest; *il m. numero di:* most	majeur, plus grand	größte	mayor
magico	magic, magical	magique	magisch, Zauber...	mágico
maglia	shirt	maillot	Pullover	jersey, suéter
maglietta	T-shirt	tricot	T-Shirt, Trikot	camiseta
maglione	jumper, sweater	pull-over	Pullover	jersey de lana
magnete	magnet	aimant	Magnet	imán
magnifico	magnificent	magnifique	herrlich	magnífico
magro	thin	maigre, mince	mager, dünn, schlank	delgado
mah	who knows	euh; allons donc!	hm, wer weiß, wie immer auch	bueno..., mmhm...,¡vamos!
mai	never, ever	jamais	nie, niemals, jemals, wohl	nunca
malato	ill, sick	malade	Kranke	enfermo
male	wrong, incorrectly; *parlare m. di qualcuno:* to speak ill of sb; *sentirsi m.:* to feel ill/awful/wretched	mal; *meno m.:* hereusement; *non c'è m.:* pas mal	schlecht, nicht gut, falsch; *meno m.:* ein Glück; *stare m.:* sich nicht wohl fühlen; *fare m.:* weh tun; *bene o m.:* schlecht oder recht; *guardare m.:* schräg ansehen; *sentirsi m.:* sich unwohl fühlen; *non c'è m.:* nicht schlecht	mal; *fare m.:* hacer daño
mamma	mum	maman	Mama	mamá
mammone	mummy's boy	excessivement attaché à sa mère	Mamasöhnchen	enmadrado
manager	manager	manager	Manager	manager
manata	clap	tape	Schlag mit der Hand	palmadita
mancare	to run out, to lack in, to be missing, to want	manquer	fehlen, vermissen, mangeln	faltar; echar de menos
mancia	tip	pourboire	Trinkgeld	propina
manciata	handful	poignée	Hand voll	puñado
mandare	to send	envoyer	schicken, senden	mandar
mandolino	mandolin(e)	mandoline	Mandoline	mandolina
mangiare	to eat	manger	essen	comer, comida
mania	obsession, quirk	manie	Manie	manía
manica	sleeve	manche	Ärmel	manga
manico	handle	manche	Stiel	mango
manifestare	to express	manifester	ausdrücken	manifestar

ITALIANO	ENGLISH	FRANÇAIS	DEUTSCH	ESPAÑOL
manifestazione	event	manifestation	Veranstaltung	manifestación
manifesto	poster	affiche	Plakat	anuncio, folleto
maniglia	door-handle, doorknob	poignée	Klinke	manilla
mannaggia	damn it, dammit, blast	mince!, malediction!	verflixt	¡maldita sea!, ¡Mecachis en la mar!
mano	hand	main	Hand	mano
mantenere	to provide for	maintenir	bewahren	mantener
manuale	manual	manuel	Hand...	manual
mappa	map	plan	Stadtplan	plano
marca	brand	marque	Marke	marca
mare	sea	mer	Meer	mar
maresciallo	warrant officer	maréchal	Marschall	comandante en jefe
margherita	*pizza m.:* pizza with tomato sauce and mozzarella cheese	*pizza m.:* pizza tomate et mozzarella	*pizza m.:* Pizza mit Tomate und Mozzarella	*pizza m.:* pizza con tomate y queso blanco
marinaio	sailor	marin	Seemann	marinero
marino	sea ...	marin, de mer	See..., Meer(es)...	marino
marito	husband	mari	Ehemann	marido
marmellata	preserve, jam	confiture	Marmelade	mermelada
marmo	marble	marbre	Marmor	mármol
marrone	brown	marron	braun	marrón
marsala	Marsala wine	marsala	Marsala	vino dulce de Marsala
marziano	Martian, alien	martien	Marsmensch	marciano
mascherina	half-mask	petit masque, loup	Mundschutz	mascarilla
matematica	mathematics	mathématiques	Mathematik	matemáticas
materiale	fabric	matériel	Material	material
materno	motherly, maternal	maternel; *scuola m.:* école maternelle	*scuola m.:* Kindergarten	*scuola m.:* enseñanza preescolar
matita	pencil	crayon	Bleistift, Stift	lápiz
matrimonio	wedding	mariage	Hochzeit	matrimonio
mattatoio	abattoir, slaughterhouse	abattoir	Schlachthof	matadero
mattina	morning	matin	Morgen, Vormittag	mañana
mattinata	morning	matinée	Vormittag	mañana
mattino	morning	matin	Morgen, Vormittag	mañana
da **matti**	*stancarsi da matti:* to get dead tired	*mi sono stancata da m.:* c'est fou ce que je me suis fatiguée	wahnsinnig	*mi sono stancata da m.:* estoy hecha polvo, una barbaridad, de una manera exagerada
medicina	medicine	médecine	Medizin	medicina
medico	doctor, physician	médecin	Arzt	médico
medioevo	Middle Ages	Moyen Âge	Mittelalter	Edad Media
mediterraneo	Mediterranean	méditerranéen	Mittelmeer	mediterráneo
meglio	better	mieux	besser	mejor
mela	apple	pomme	Apfel	manzana
melanzana	aubergine, eggplant	aubergine	Aubergine	berenjena
melodia	melody	mélodie	Melodie	melodía
melodico	melodious	mélodieux	melodisch	melódico
memorandum	memo, memorandum	mémorandum	Merkzettel	memorándum
memoria	memory	mémoire	Gedächtnis	memoria
meno	less; *m. male:* it's just as well (that)	moins; *meno m.:* hereusement	weniger	menos
mensa	cafeteria, canteen	cantine, restaurant universitaire ou d'entreprise	Kantine, Mensa	comedor universitario, de empresa
mente	mind	tête, esprit	Kopf, Sinn	mente; cabeza; *venire/tornare in m.:* ocurrísele algo a alguien; *attraversare la m.:* pasarse por la cabeza
mentre	as, while	pendant que, tandis que	während	mientras; mientras que, en cambio
meraviglia	wonder	merveille	Verwunderung, Erstaunen	maravilla
meraviglioso	wonderful	merveilleux	wunderschön, wundervoll	maravilloso
mercato	market	marché	Markt	mercado
merce	goods	marchandise	Ware	mercancía
mescolare	to mingle, to blend	mélanger	mischen, vermischen	mezclar
mese	month	mois	Monat	mes

ITALIANO	ENGLISH	FRANÇAIS	DEUTSCH	ESPAÑOL
messaggino	SMS	SMS, message sur le portable	kurze Nachrichten	mensaje de móvil
messaggio	message	message	Nachricht	mensaje
mestiere	job, trade	métier	Beruf, Handwerk	oficio
metallizzato	metallic	métallisé	Metallic...	metalizado
metallo	metal	métal	Metall	metal
meteorologico	meteorologic(al)	météorologique	meteorologisch	meteorológico
metereopatico	meteoropathic	atteint de météoro- pathie	wetterfühlig	figuras que cambian de color con el tiempo
metro	metro, subway, under- ground; metre	métropolitain; mètre	Untergrundbahn; Meter	metro; metro
metropoli	metropolis	métropole	Metropole	metrópolis
metropolitana	metro, subway, under- ground	métro	Untergrundbahn	metro
mettere	to put, to place, to set, to lay, to stand	mettre; *m. su casa:* s'installer	aufsetzen, legen, an- ziehen; *mettersi a:* an- fangen zu	poner, meter, comparar; *m. su casa:* construirse una familia
mezzanotte	midnight	minuit	Mitternacht	medianoche
mezzo	half; transport, tran- sportation	demi; moyen	halb; Mittel	medio; medio
in **mezzo** a	among, amid, in the middle of, in the midst of, in	au milieu de	mitten in, mitten auf	en medio de
microcosmo	microcosm	microcosme	Mikrokosmos	microcosmos
migliaia	thousands	milliers	Tausende	miles
migliore	better, best	meilleur	beste	mejor
milanese	Milanese	milanais, de Milan	mailändisch, Mailänder	milanés
militare	military; militay	militaire; militaire	Militär...; Soldat, Militär	militar; militar
millennio	millennium	millénaire	Jahrtausend	milenio
mimare	to mime	mimer	mimen	interpretar sin palabras como un mimo, hacer mimo
minerale	mineral	minéral	Mineral...	mineral
mini	mini	mini	Mini...	mini
minigonna	miniskirt	mini-jupe	Minirock	minifalda
minimo	least	minimum	mindestens	mínimo
ministeriale	ministry official	ministériel	Ministerial-...	ministerial
ministero	ministry, government department	ministère	Ministerium	ministerio
minuto	minute	minute	Minute	minuto
mio	my; mine	mon (adj.); le mien (pron.)	mein	mío
miracolo	miracle	miracle	Wunder	milagro
mirto	myrtle	myrte	Myrte	mirto
miscela	mixture	mélange	Mischung	mezcla
misteriosamente	mysteriously	mystérieusement	auf mysteriöse Art und Weise	misteriosamente
misterioso	mysterious	mystérieux	mysteriös, rätselhaft	misterioso
mistero	mystery	mystère	Rätsel	misterio
misto	mixed	mixte, mélangé	gemischt	mixto
misurare	to try on	mesurer	anprobieren	medir; *m. scarpe:* pro- bar zapatos
mitologia	mythology	mythologie	Mythologie	mitología
mobile	furniture; *scala m.:* escalator	mobile; meuble; *s. mo- bile:* escalator	*scala m.:* Rolltreppe; Möbel(stück)	*scala m.:* escalera mecá- nica; mueble
moda	fashion	mode	Mode..., Mode; *di m.:* modern; *alla m.:* modi- sch	moda
modello	model, example; model	exemple; type; modèle	Modell	modelo; tipo
moderno	modern	moderne	modern	moderno
modificare	to modify, to change	modifier	ändern, verändern, abändern	modificar
modo	way, means; opportu- nity	façon	Art, Art und Weise, Mo- dus	modo, manera
modulo	form	formulaire	Formular	impreso
moglie	wife	femme, épouse	(Ehe)frau	mujer, esposa
molto	very, much, a lot, long	très, beaucoup, beau- coup de	sehr, viel, lange	mucho; muy
momento	moment	moment	Augenblick, Moment	momento

ITALIANO	ENGLISH	FRANÇAIS	DEUTSCH	ESPAÑOL
mondiale	world ...	mondial	Welt...	mundial
mondo	world	monde	Welt	mundo
moneta	coin	monnaie	Münze	moneda
monolocale	bed-sitter, studio flat / apartment	studio, studette	Einzimmerwohnung	estudio, miniaparta-mento
monotono	repetitive	monotone	eintönig	monótono
montagna	mountain	montagne	Berg, Gebirge	montaña
montare	*montarsi la testa:* to have a swollen head/ to get above oneself	monter; *montarsi la testa:* se monter la tête	*montarsi la testa:* zu Kopf steigen; *panna montata:* geschlagene Sahne	*montarsi la testa:* llenársele a uno la cabeza de pájaros
monumento	monument	monument	Monument, Denkmal	monumento
moro	dark-haired	brun	dunkelhaarig	moreno
morbido	soft	souple	weich	suave
mordere	to bite	mordre	beißen	morder
morire	to die	mourir	sterben	morir
mormorare	to murmur	murmurer	murmeln	murmurar
morso	bite	morceau	Bissen	bocado
morte	death	mort	Tod	muerte
morto	dead; *stanco m.:* knackered	mort; *stanco m.:* mort de fatigue, crevé	*stanco m.:* todmüde; *m. di fame:* verhungert	muerto
mostra	exhibition	exposition	Ausstellung	exposición
mostrare	to show	montrer	zeigen	enseñar
mostro	monster	monstre	Ungeheuer	monstruo
motivare	to explain	motiver	begründen	motivar
motivo	reason	motif	Grund, Motiv	motivo
moto(cicletta)	(motor)bike	moto(cyclette)	Motorrad	moto
motore	engine	moteur	Motor, Maschine	motor
motore di ricerca	search facility software	moteur de recherche	Suchmaschine	buscador
motorino	moped	cyclomoteur	Mofa, Moped	vespino, ciclomotor
movimento	movement	mouvement	Bewegung	movimiento
mucca	cow	vache	Kuh	vaca
multa	fine, ticket	contravention	Geldstrafe	multa
multinazionale	multinational	multinationale	multinationales Unter-nehmen	multinacional
multisala	multiplex	complexe multisalle	Kinozentrum	multicines
mungere	to milk	traire	melken	ordeñar
muovere	to move	bouger	bewegen	mover
muratore	builder, bricklayer	maçon	Maurer	albañil
muro	wall	mur	Mauer	pared
museo	museum	musée	Museum	museo
musica	music	musique	Musik	música
musicista	musician	musicien	Musiker	músico
napoletano	Neapolitan; Neapolitan	napolitain, de Naples; napolitain	neapolitanisch; Neapo-litaner	napolitano; napolitano
nascere	to be born	naître	entstehen, geboren werden	nacer
nascondere	to hide	cacher	verstecken	esconder
naso	nose	nez	Nase	nariz
natura	nature	nature	Natur, Wesen	naturaleza
naturale	natural	naturel	natürlich; *acqua mine-rale n.:* Mineralwasser ohne Kohlensäure	natural
naturalmente	naturally	naturellement	natürlich	naturalmente
nave	ship	bateau, navire	Schiff	barco, nave
navigare	to surf	naviguer	surfen	navegar
navigazione	*programma di n.:* browser	*programma di n.:* navi-gateur	Surf...	navegación
nazionale	national	national	national, Landes...	nacional
nazionalità	nationality	nationalité	Staatsangehörigkeit	nacionalidad
né	neither... nor, not	ni	*n. ... n.:* weder ... noch	ni
neanche	neither, nor, even	même pas, non plus	nicht einmal	ni siquiera
necessario	necessary, essential	nécessaire	notwendig, nötig, erfor-derlich	necesario
negare	to deny, to say no, to refuse	nier	verneinen	negar
negativo	negative	négatif	negativ	nagativo
negoziante	shopkeeper, storekeeper	commerçant	Geschäftsinhaber	comerciante
negozio	shop, store	magasin	Geschäft	tienda

ITALIANO	ENGLISH	FRANÇAIS	DEUTSCH	ESPAÑOL
nemmeno	neither, nor, even	même pas, non plus	auch nicht	ni siquiera
neonato	newborn, baby	nouveau-né, bébé	Neugeborene	bebé, recién nacido
nero	black	noir	schwarz	negro
nervoso	nervous	nerveux	nervös	nervioso
nessuno	nobody, anybody	personne	niemand, kein	ninguno
neutrale	neutral	neutre	neutral	neutral
neve	snow	neige	Schnee	nieve
nevicare	to snow	neiger	schneien	nevar
niente	nothing	rien	kein, nichts; *per n.:* überhaupt nicht	nada
nipote	grandchild, nephew; niece	neveu, nièce, petit-fils, petite-fille	Neffe, Nichte	sobrino; nieto
no	no	non	Nein	no
nocivo	harmful, noxious, unhealthy	nuisible	schädlich	nocivo, dañino
noia	boredom	ennui	Langeweile	aburrimiento
noioso	boring	ennuyeux	langweilig, lustig	aburrido
nomade	wandering, nomad(ic)	nomade	nomadisch, unstet	nómada
nome	name	nom	Name	nombre
nominare	to name, to mention	nommer	nennen	nombrar, designar, decir el nombre de
non	not	ne... pas	nicht, kein, un...	no
nonno	grandfather	grand-père	Großvater	abuelo
nono	ninth	neuvième	neunte	noveno
nonostante	despite, in spite of, even though, notwithstanding	malgré	trotz	a pesar de
nord	north	nord	Norden, Nord	norte
nordico	northen	nordique	nordisch	nórdico
normale	normal	normal	normal, üblich, gewöhnlich	normal
normalmente	normally	normalement	normalerweise, gewöhnlich	normalmente
nostalgia	nostalgia, yearning, longing	nostalgie	Heimweh, Sehnsucht	nostalgia
nostalgico	nostalgic	nostalgique	wer der Vergangenheit nachtrauert	nostálgico
nostro	our; ours	notre (adj.); le nôtre (pron.)	unser, der unsere	nuestro
nota	note	note	Note	nota
notare	to notice, to observe	remarquer	bemerken, beachten	notar, ver, comprobar, observar, darse cuenta
notizia	news	nouvelle	Nachricht, Meldung	noticia
notiziario	news, report, newscast	nouvelles	Nachrichten	telediario, programa informativo
notte	night	nuit	Nacht	noche
notturno	night..., nocturnal	nocturne	nächtlich, Nacht...	nocturno
nozze	wedding	noces	Hochzeit	bodas; *viaggio di n.:* viaje de novios
nudo	nude, naked	nu	Akt	desnudo
numero	number	numéro, chiffre, nombre	Zahl, Nummer, Größe	número
numeroso	numerous	nombreux	zahlreich	numeroso
nuotare	to swim	nager	schwimmen	nadar
nuovo	new	nouveau, neuf; *di n.:* à nouveau	neu, unbekannt, neuartig; *di n.:* nochmals	nuevo
nuragico	nuraghic	nuragique	Nurag(h)en...	*paesaggio n.:* paisaje con construcciones típicas de Cerdeña
nuvoloso	cloudy, overcast	nuageux	bewölkt	nublado
obbligatorio	obligatory	obligatoire	obligatorisch, verbindlich	obligatorio
obeso	obese, overweight	obèse	fettleibig	obeso
obiettivo	target, goal	objectif	Ziel	objetivo
obiettore	obiector	objecteur	*o. di coscienza:* Kriegsdienstverweigerer	objetor
occasione	opportunity, chance, occasion, case	occasion	Gelegenheit, Anlass	ocasión
occhiali	glasses, spectacles	lunettes	Brille	gafas
occhiata	glance; *dare un'o.:* to look round, to browse, to take a look	coup d'œil	Blick	vistazo, ojeada
occhio	eye	œil; *tenere d'o.:* sur-	Auge; *tenere d'o.:* kon-	ojo; *tenere d'o.:* obser-

ITALIANO	ENGLISH	FRANÇAIS	DEUTSCH	ESPAÑOL
		veiller	trollieren, mit den Augen verfolgen	var, controlar
occupare	to occupy	occuper	besetzen	ocupar
occuparsi	to occupy oneself (with/in)	s'occuper	sich beschäftigen	ocuparse
occupato	occupied, busy, engaged, taken	occupé	besetzt	ocupado; (está) comunicando
oddio	oops, whoops, well, er	ah, mon Dieu	oh Gott	¡Diós mío!
odiare	to hate	haïr	hassen	odiar
odore	smell, odour, scent	odeur	Duft, Geruch	olor
offerta	offer	offre	Angebot	oferta
offrire	to offer	offrir	anbieten	invitar
oggetto	item, obiect	objet	Gegenstand, Objekt	objeto
oggi	today	aujourd'hui	heute; *al giorno d'o.:* heutzutage	hoy
ogni	every, each, any	chaque; *o. tanto:* de temps en temps	jeder; *o. tanto;* ab und zu	cada
ognuno	everyone, everybody	chacun	jeder	cada uno
oh	oh, ho, ooh	oh	o, oh	oye, que conste que
olandese	Dutch	hollandais	holländisch	holandés
oliera	oil cruet	huilier	Ölflasche, Ölkännchen	aceitera
olio	oil	huile	Öl	aceite
oltre	beyond, in addition to	outre, au-delà	außer, aber, weiter	además de; más de; más allá (espacio, tiempo)
omaggio	free gift	cadeau	Werbegeschenk	homenaje
ombrello	umbrella	parapluie	Regenschirm	paraguas
ombrellone	beach umbrella	parasol	Sonnenschirm	sombrilla
omologato	standardized, homogenized	homologué	genormt	homologado
omone	big man	malabar	großer Mann	hombretón
onesto	honest	honnête	rechtschaffen, ehrlich	honesto
opera	work, opera	œuvre; opéra	Werk; Oper	obra; ópera
opinione	opinion	opinion	Ansicht, Meinung	opinión
opportunità	opportunity	opportunité	Gelegenheit	oportunidad
opportuno	suitable, convenient	opportun	passend	oportuno
opposto	opposite	opposé	gegensätzlich, gegenüberliegend	opuesto, contrario
oppure	or, otherwise	ou bien	oder, andernfalls	o bien; si no (en caso contrario)
ora	hour, time, now	heure; maintenant	jetzt, nun; Stunde; *che o. è?:* wie spät ist es?; *per o.:* einstweilig	hora; ahora
orario	time; *in o.:* on time/schedule; *o. dei treni:* railway timetable; *o. continuato:* non-stop/continuous working day	horaire; *in o.:* à l'heure; *o. continuato:* journée continue	Zeit, Öffnungszeit; *in o.:* pünktlich	horario
orchestra	orchestra	orchestre	Orchester	orquesta
ordinare	to order	commander	bestellen	pedir; *volete o?:* ¿qué van a tomar?
ordinatamente	in an orderly way, in order, methodically	par ordre	ordentlich	ordenadamente
ordinato	orderly	ordonné	regelmäßig	ordenado
ordine	order	ordre	Ordnung, Reihenfolge, Aufbau	orden
orecchino	earring	boucle d'oreille	Ohrring	pendiente
orefice	goldsmith	orfèvre	Juwelier, Goldschmied	orfebre
organizzare	to organize	organiser	organisieren, veranstalten, vorbereiten, aufbauen, bilden	organizar
organizzazione	organization	organisation	Organisation	organización
orgoglioso	proud	orgueilleux	stolz	orgulloso
orientale	eastern, Oriental	oriental	östlich, Ost...	oriental
origano	oregano	origan	Oregano	orégano
originale	original, unusual	original	Original, originell	original
origine	origin	origine	Herkunft, Ursprung; *d'o.:* Ursprungs...	origen
orizzontale	across	horizontal	waagerecht	horizontal
orizzonte	horizon	horizon	Horizont	horizonte

ITALIANO	ENGLISH	FRANÇAIS	DEUTSCH	ESPAÑOL
ormai	now, by now, at this point, almost/nearly	désormais, déjà	bereits, schon, nun, jetzt schon	ya; ahora; o. è tardi: es demasiado tarde
oro	gold	or	Gold	oro
orologio	watch, clock	montre	Uhr	reloj
oroscopo	horoscope, stars	horoscope	Horoskop	horóscopo
orsacchiotto	teddy bear	nounours	Teddybär	osezno, osito
osare	to dare, to attempt	oser	wagen	atreverse (a), osar
ospedale	hospital	hôpital	Krankenhaus	hospital
ospitale	sociable, hospitable	hospitalier	gastfreundlich	hospitalario, acogedor
ospitare	to give hospitality	héberger	Gastfreundschaft gewähren	acoger, invitar
osservare	to observe, to look at, to examine	observer	betrachten, ansehen, beobachten	observar
ossessionare	to obsesse, to hound	obséder	bedrängen	obsesionar
ossessivamente	obsessively	de manière obsédante	obsessiv	obsesivamente
osteria	wine bar, hostelry	taverne	Gastwirtschaft	bodega, taberna, restaurante
ottavo	eighth	huitième	achte	octavo
ottenere	to obtain, to achieve	obtenir	erreichen	obtener, conseguir
ottimo	very good, excellent	excellent	sehr gut, ausgezeichnet, vorzüglich	óptimo, excelente
ovest	West	ouest	West, Westen	oeste
ovvero	or, or rather	ou bien	das heißt	o bien
ovvio	obvious	évident	natürlich, selbstverständlich	obvio
pacchetto	packet	paquet	Päckchen, Schachtel	paquete
pacco	parcel, package, packing	colis	Paket	paquete
pace	peace	paix	Frieden	paz
padano	Po ...; pianura p.: the Po valley	de la plaine du Pô	Po...	de la región del río Po
padre	father	père	Vater, Pater	padre
paesaggio	landscape	paysage	Landschaft, Panorama	paisaje
paesaggistica	landscape	(peinture de) paysage	Landschaftsbild	paisajístico
paesano	rural, village	aria p.: l'air de sortir de son village	ländlich	de pueblo, rural, paisano
paese	country, homeland; town	pays, village	Land, Ort, Dorf	pueblo; país
pagare	to pay	payer	zahlen, bezahlen	pagar
pagina	page	page	Seite	página
paio	pair, couple	paire	Paar	par
pajata	Pajata: milky veal intestines used to make pasta	intestins de veau de lait utilisés pour faire les pâtes	Nudelgericht mit Innereien vom Milch Lamm	plato típico romano a base de carne
pakistano	Pakistani	pakistanais	pakistanisch, Pakistaner	paquistaní
palazzo	palace, building	immeuble, palais	Wohnhaus, Gebäude	edificio, palacio
palcoscenico	stage	scène	Bühne	escenario, pasarela
palestra	gym	gymnase	Fitnesscenter	gimnasio
pallone	football	balon	Fußball	balón
pancia	belly, stomach	ventre	Bauch	vientre
pane	bread	pain	Brot	pan
panettone	Panettone: rich Italian cake made with eggs, fruit and butter	panettone	Panettone	dulce milanés típico de Navidad
panino	bread roll, sandwich	sandwich	Brötchen	bocadillo
panna	cream; p. montata: whipped cream	crème	Sahne	nata
panni	clothes, clothing	affaires, vêtements	Wäsche	ropa
panorama	view, landscape	panorama	Panorama	panorama
panoramico	panoramic, scenic	panoramique	Aussichts...	panorámico
pantaloncini	shorts	shorts	kurze Hosen	pantalones cortos
pantaloni	trousers	pantalon	Hose, Hosen	pantalones
papa	pope	pape	Pabst	Papa
papà	dad, daddy	papa	Papa	papá
paradiso	paradise, heaven	paradis	Paradies	paraíso
paragonare	to compare	comparer	vergleichen	comparar
paragone	comparison	comparaison	Vergleich	comparación, parangón
parallelo	parallel	parallèle	parallel	paralelo
paranoia	andare in p.: to get paranoid	paranoïa; andare in p.: flipper	andare in p.: ausflippen	paranoia

ITALIANO	ENGLISH	FRANÇAIS	DEUTSCH	ESPAÑOL
parcheggiare	to park	garer	parken	aparcar
parcheggio	car park, parking, parking space	parking	Parkplatz	aparcamiento
parco	park	parc	Park	parque
parente	relative	parent, proche	Verwandte	pariente
parentesi	bracket	parenthèse	*tra p.:* in Klammern	paréntesis
parere	to seem, to look (as/like), to sound (as/like)	paraître, sembler	Ansicht, Meinung	parecer, por lo visto
parlare	to talk, to speak	parler	sprechen, reden, sich unterhalten, erzählen	hablar
parmigiano	Parmesan; Parmesan (cheese)	parmesan, de Parme; parmesan	parmesanisch, parmaisch; Parmesan	de Parma; parmesano
parola	word	mot	Wort	palabra
parrocchia	parish (church)	paroisse	Pfarrei	parroquia
parrucchiere	hairdresser	coiffeur	Friseur	peluquero, peluquería
parte	part, bit, portion	partie, côté, part; *fare la p.:* jouer	Teil, Gegend, Rolle, Seite; *fare p. di:* angehören, gehören zu; *fare la p:* spielen; *a p.:* mit Ausnahme von	parte; *fare lap.:* interpretar, tener un papel de...
partecipante	competitor	participant	Teilnehmer	participante
partenza	departure, leaving, start	départ	Abfahrt	salida; *il treno è in p.:* el tren está a punto de salir
particolare	particular, special	particulier	besondere, eigentümlich; *in p.:* besonders	particular, especial, peculiar
particolarmente	particularly	particulièrement	besonders	particularmente, en particular
partire	to leave, to depart	partir	abreisen, abfahren, abfliegen, fortgehen	irse, marcharse, salir de viaje, partir
partita	football match	match	Spiel	partido; *andare alla p.:* ir al fútbol
parziale	partial	partiel	Teil...	parcial
passaggio	lift, ride	passage; *dare un p.:* ramerener qn	*dare un p.:* jdn. mitnehmen	*dare un p.:* acompañar a alguien con el coche
passante	passer-by	passant	Passant	transeúnte
passare	to pass/go by, to spend	passer	vorbeigehen, vorbeikommen, verbringen, gehen, durchmachen	pasar
passeggero	traveller	passager	Reisende	pasajero
passeggiare	to walk, to stroll, to take a walk/stroll	se promener	spazieren gehen, auf- und abgehen	pasear
passione	passion	passion	Leidenschaft	pasión
passo	step	pas	Schritt	paso
pasta	pasta	pâte, pâtes	Nudeln	pasta
paste	cake, pastry	gâteaux	Gebäck	pasteles
pasto	meal	repas	Essen, Mahlzeit	comida
patata	potato	pomme de terre	Kartoffel	patata
patrono	patron saint	patron, protecteur	Schutzheilige	patrón
pattumiera	dustbin, trash can	poubelle	Mülleimer	cubo de la basura
paura	fear	peur	Angst	miedo
pausa	break	pause	Pause	pausa
pavimento	floor	plancher	Fußboden	suelo
paziente	patient	patient	geduldig	paciente
peccato	pity, shame	dommage!	schade	qué pena/lástima
pecorino	sheep's milk cheese	fromage de brebis	Schafskäse	queso de oveja
pedonale	pedestrian	piétonnier	Fußgänger...	peatonal
peggio	worse, worst	pire	schlechter, schlimmer	peor
pelle	skin; leather	peau	Leder, Haut	piel
pellegrino	pilgrim	pèlerin	Pilger	peregrino
pelliccia	fur coat	fourrure	Pelz	abrigo de pieles
pelo → **sacco** a pelo				
pendolare	commuter, commuting	travailleur qui fait la navette	Pendel..., Pendler	uno que vive fuera de la ciudad y viaja todos los días para ir al trabajo
penisola	peninsula	péninsule	Halbinsel	península
penna	pen	stylo	Kugelschreiber	boli, bolígrafo
penne	macaroni	penne	Art Röhrennudeln	macarrones
pensare	to think	penser	denken, sich überlegen,	pensar

ITALIANO	ENGLISH	FRANÇAIS	DEUTSCH	ESPAÑOL
			nachdenken	
pensiero	thought	pensée	Gedanke	pensamiento
pensionato	pensioned, retired	retraité	Rentner	jubilado
pensione	guest house, boardin house; pension retirement	pension; retraite	Pension; Ruhestand, Pension, Rente	pensión, hostal; pensión, jubilación
pentola	pot, cooking pot	casserole	Kochtopf	olla, cazuela
peperoncino	red pepper, paprika	piment	scharfer Paprika	guindilla
perché	why, because	pourquoi, parce que	warum, weil, wieso, weshalb	por qué, porque, para qué
perciò	therefore	c'est pourquoi, donc	darum, daher	por eso
percorso	route, course	parcours	Strecke	recorrido
perdere	to lose, to miss, to waste	perdre; *lasciar p.:* laisser tomber	verpassen, verlieren; *lasciar p.:* es durchgehen lassen	perder; *lasciar p.:* dejar correr
perdita	loss	perte	Verlust	pérdida
pericolo	danger, threat	danger	Gefahr	peligro
pericoloso	dangerous	dangereux	gefährlich	peligroso
periferia	outskirts, suburb(s)	banlieue; périphérie	Peripherie, Stadtrand, Vorstadt	periferia, a las afueras de
periodo	moment, period	période	Zeit, Zeitraum	periodo, época, momento
perla	pearl	perle	Perle	perla
permesso	permission; *p.?:* may I come in?	permisssion; *p?:* puis-je entrer?	Erlaubnis, Genehmigung	permiso
permettere	to allow, to enable	permettre	erlauben, ermöglichen	permitir
permettersi	to afford	se permettre	sich erlauben	permitirse
però	but, however	toutefois; tout de même!	jedoch, doch	sin embargo; pero; *excl.:* ¡pero bueno! ; *Ah p.:* ¡Vaya!
persino	even	même	sogar	incluso
persona	person	personne	Person	persona
personaggio	character, celebrity	personnage	Persönlichkeit, Person, Figur, Gestalt	personaje
personale	personal	personnel	persönlich	personal
personalità	personality	personnalité	Persönlichkeit	personalidad
personalmente	personally	personnellement	persönlich	personalmente
pesante	heavy	lourd	schwer, stark	pesado; *trucco p.:* maquillaje exagerado
pesare	to weigh	peser	wiegen	pesar
pesce	fish	poisson	Fisch	pescado, pez
peso	weight	poids	Gewicht	peso
pessimista	pessimistic	pessimiste	pessimistisch	pesimista
pestare	to crush	fouler	zerstampfen	pisar
pesto	pesto: sauce of crushed garlic, basil, pine nuts, olive oil and cheese	sauce à base d'ail et de basilic	Basilikumsoße	salsa típica de Génova para condimentar la pasta
pettinarsi	to comb one's hair	se coiffer	sich kümmern	peinarse
petto	breast, chest	poitrine	Brust	pechuga, pecho
pezzo	piece, bit, fragment	morceau	Stück, Teil	pedazo, trozo, tramo
piacere	pleasure, delight; to like	plaisir, gré; *p.!:* enchanté; plaîre, aimer	Freude, Vergnügen; *a p.:* nach Belieben; gefallen, schmecken, mögen	placer; encantado-a; *a p.:* a tu gusto; gustar; *fare p.:* hacer ilusión
piacevole	pleasant	agréable	angenehm	agradable
piangere	to cry, to weep, to shed tears	pleurer	weinen	llorar
piano	slow; floor	doucement; plan	langsam, leise; Stockwerk	bajo; despacio; *p. p.:* poco a poco, *fate p.:* no hagáis ruido; piso
pianta	plant	plante	Pflanze	planta
pianterreno	ground floor	rez-de-chaussée	Erdgeschoss	planta baja
piantina	map	plan	Plan, Grundrissskizze	plano
pianura	plain, flat; *la pianura p.:* the Po valley	plaine	Ebene	llanura
piatto	dish; plate	plat; assiette	Gericht, Teller	plato, comida
piazza	square	place	Platz	plaza
piazzale	square, forecourt	place	Platz	plaza, explanada
piccante	spicy, hot	piquant	scharf	picante
piccione	pigeon	pigeon	Taube	paloma

ITALIANO	ENGLISH	FRANÇAIS	DEUTSCH	ESPAÑOL
piccolo	small, little	petit	klein, kurz; *da p.:* als Kind	pequeño
piede	foot	pied	Fuß	pie
a piedi	on foot	à pied	zu Fuß	a pie, andando
in piedi	*stare in p.:* to stand	debout	stehend, im Stehen	en/de pie
piegare	to bend	plier	biegen	doblar
pieno	full	plein	voll	lleno; *a tempo p.:* jornada completa
pigiama	pyjamas	pyjama	Schlafanzug, Pyjama	pijama
pigliare	to catch; *pigliarsi un caffè:* to have a coffee	prendre	fangen, nehmen	coger, tomar
pigro	lazy	paresseux	faul	vago, perezoso
pinne	flippers	palmes	Schwimmflossen	aletas
Pinocchio	Pinocchio	Pinocchio	Pinocchio	Pinocho
pinot	Pinot	pinot	Burgunder	pinot
pioggia	rain	pluie	Regen	lluvia
pioppo	poplar (tree)	peuplier	Pappel	chopo, álamo
piovere	to rain	pleuvoir	regnen	llover
pipistrello	bat	chauve-souris	Fledermaus	murciélago
piscina	swimming pool	piscine	Schwimmbad	piscina
pisello	pea	petit-pois	Erbse	guisante
pittore	painter	peintre	Maler	pintor
più	more, most, no longer	plus; *più volte:* plusieurs fois	mehrere	más; ya; *di p.:* más; *p. volte:* varias veces
più che altro	more than anything	avant tout, plus qu'autre chose	vor allem	más que nada
piuttosto	quite, instead	plutôt	vielmehr, eher	más bien
pizza	pizza	pizza	Pizza	pizza
pizzeria	pizzeria, pizza shop/house/place/parlour	pizzeria	Pizzeria	pizzería
plastica	plastic	plastique	Plastik...	plástico
platea	stalls	public; parterre	Parkett	patio de butacas
po' / poco	little	peu	etwas, ein wenig, ein bisschen; *per un p..:* für einige Zeit; wenig, kurz *tra p:* in Kürze	poco
poesia	poetry, poem	poème, poésie	Poesie, Gedicht	poesía
poeta	poet	poète	Dichter	poeta
poetico	poetic(al)	poétique	poetisch	poético
poggiare	to lay, to rest, to put	appuyer	legen	apoyar
poi	then, later, afterwards	puis	danach, dann, nachher, außerdem	luego, después
poiché	as, because, since, for	puisque	weil, da	como (causal), ya que, puesto que
politica	politics	politique	Politik	política
politico	political	politique	Politik..., politisch	político
polizia	police	police	Polizei	policía
poliziotto	police officer	policier	Polizist	policía
pollo	chicken	poulet	Hähnchen	pollo
polmone	lung	poumon	Lunge	pulmón
polo	pole, centre	pôle, centre	Zentrum; *p. nord:* Nordpol	centro, conjunto, polo
polpetta	meatball, rissole	boulette	Fleischklößchen, Frikadelle	albóndiga
poltrona	armchair	fauteuil	Sessel	butaca, sillón
pomeriggio	afternoon	après-midi	Nachmittag	tarde
pomodoro	tomato	tomate	Tomate; *al p.:* mit Tomatensoße	tomate
ponte	bridge	pont	Brücke	puente
popolare	popular	populaire	volkstümlich	popular
popolo	people, population	peuple	volkstümlich	pueblo
porcellana	china	porcelaine	Porzellan	porcelana
porta	door, gate	porte;	Tür; Tor	puerta
portabagagli	luggage rack	porte-bagages	Gepäckablage	portaequipajes
portacenere	ashtray	cendrier	Aschenbecher	cenicero
portachiavi	key case	porte-clés	Schlüsselanhänger	llavero
portafortuna	charm, talisman, amulet	porte-bonheur	Glücksbringer	amuleto
portare	to take, to fetch, to carry, to bring	porter; *p. via:* enlever, emporter	aufweisen, bringen, tragen, führen, mitnehmen, mitbringen; *p. via:*	llevar, traer

ITALIANO	ENGLISH	FRANÇAIS	DEUTSCH	ESPAÑOL
			mitnehmen, stehlen	
portico	porch, gallery	arcade, porche	Bogengang	pórtico
portiere	doorman; goalkeeper	concierge; gardien de but	Hauswart, Portier; Torwart	conserje; portero
porto	port, harbour	port	Hafen	puerto
portone	doorway, main gate/door	porte d'entrée	Tor, große Eingangstür	portal, portón
posacenere	ashtray	cendrier	Aschenbecher	cenicero
positivo	positive	positif	positiv	positivo
posizione ·	position	position	Stellung, Position	posición
possedere	to have	posséder	haben, besitzen	poseer
possessore	possessòr	possesseur	Besitzer	poseedor
possibile	possible	possible	möglich	posible
possibilità	possibility	possibilité	Möglichkeit, Gelegenheit	posibilidad
possibilmente	possibly	si possible	möglicherweise	si es posible
posta / poste	Post Office	bureau de poste	Post	correos
postale	Post ...	postal	Post…	postal
poster	poster	poster, affiche	Poster	póster
postino	postman, mailman	facteur	Briefträger	cartero
posto	place, seat	place	Stelle, Platz, Ort	sitio, lugar; *a p.:* todo en orden; puesto
potere	can, to be able	pouvoir	können, dürfen, sollen	poder
poverino	poor chap	le pauvre	armer Kerl	pobrecito
povero	poor	pauvre; mon pauvre, ce pauvre	arm	pobre
pranzare	to have lunch	déjeuner	zu Mittag essen	comer, almorzar
pranzo	lunch	déjeuner	Mittagessen	comida, almuerzo
pratica	*fare p.:* to practice	s'entrainer	*fare p.:* üben	*fare p.:* practicar
praticamente	practically	pratiquement	praktisch	prácticamente
precedente	previous	précédent	vorherig	precedente, anterior
precedere	to precede	précéder	vorangehen	preceder
precisare	to specify	préciser	bestimmen	precisar, determinar
precisazione	specification	mise au point	genaue Angabe, Bestimmung	aclaración
preciso	exact, precise, accurate	précis	bestimmt, genau	preciso, exacto
precotto	precooked	précuit	vorgekocht, Fertig…	precocinado
predica	lecture, reprimand	sermon	Predigt	sermón
preferenza	preference	préférence	Vorliebe	preferencia
preferire	to prefer, to like better/best	préférer	vorziehen	preferir
preferito	favourite	préféré	bevorzugt, Lieblings…	preferido, favorito
prefisso	dialling code	indicatif	Vorwahl	prefijo
prego	you're welcome, don't mention it, please, after you	il n'y a pas de quoi; je vous en prie	bitte	¡de nada!; ¡por favor!
premio	prize, award	prix	Gewinn, Preis, Belohnung	premio
prendere	to take, to catch, to get	prendre; *p. i bambini a scuola:* aller chercher les enfants à l'école	nehmen, zu sich nehmen, bekommen, annehmen, fassen, holen, mitnehmen, abholen buchen, reservieren, bestellen	coger; tomar; *p. soldi in banca:* sacar dinero del banco; *p. i bambini a scuola:* ir a buscar a los niños; *p. contatti:* entrar en contacto; *p. 29 o 30:* sacar una nota de sobresaliente
prenotare	to book, to reserve	réserver	reservieren	reservar
prenotato	booked, reserved	réservé	reserviert	reservado
prenotazione	booking, reservation	réservation	Reservierung	reserva
preoccupare	to worry, to alarm, to preoccupy	inquiéter	beunruhigen, Sorgen machen	preocupar
preoccuparsi	to worry, to be concerned	s'inquiéter	besorgt sein, sich Sorgen machen	preocuparse
preoccupato	worried, concerned	inquiet	besorgt	preocupado
preparare	*p. la cena:* to make dinner; *p. la tavola:* to set the table; *p. i bagagli:* to pack; *p. un esame:* to study for an exam	préparer	vorbereiten, zubereiten, packen	preparar; poner (la mesa)

ITALIANO	ENGLISH	FRANÇAIS	DEUTSCH	ESPAÑOL
prepararsi	to get ready, to steel oneself, to prepare oneself	se préparer	sich fertig machen, sich vorbereiten; sich gefasst machen	arreglarse; prepararse
preparato	expert, competent, prepared	prêt; préparé	vorbereitet	preparado
preparazione	preparation	préparation	Zubereitung	preparación
presentarsi	to introduce oneself; to occur	se présenter	sich vorstellen	presentarse
presentato	introduced	présenté	dargestellt	presentado
presente	*tenere p.:* to consider; *qui p.:* here with me	présent; *tenere p.:* tenir compte	anwesend, präsent; *tener p.:* bedenken	(tener) en cuenta; presente
presepe	crib, manger, crèche	crèche	Weihnachtskrippe	belén, pesebre
pressione	pressure	pression	*p. atmosferica:* Luftdruck	presión
presso	by, nearby	auprès de, chez	bei	*p. amici:* en casa de amigos
prestare	to lend	prêter	leihen	prestar
presto	soon	tôt, vite, bientôt	schnell, bald, früh	pronto; temprano; *presto!:*¡deprisa!: *a p.:* hasta pronto
prete	priest	prêtre	Priester	sacerdote, cura
pretesto	pretext	prétexte	Vorwand	pretexto, excusa
previsione	prediction, prevision, forecast	prévision	Voraussicht	previsión
prezzo	price, cost	prix	Preis	precio
prigione	prison	prison	Gefängnis	prisión
prigioniero	prisoner	prisonnier	Gefangene	prisionero
prima	before, first of all	avant, avant de	zuvor, zuerst, vor, früher, vorher, zunächst; *p. di tutto:* vor allem; *p. di:* bevor	antes;anterior; primera; *p. di tutto:* ante todo, antes que nada
primavera	spring	printemps	Frühling	primavera
primo	first	premier	erste	primero; *amore a p. vista:* flechazo
principale	main	principal	Haupt…	principal
principe	prince	prince	Prinz	príncipe
principiante	beginner	débutant	Anfänger	principiante
principio	beginning	principe	Grundsatz	principio
privacy	privacy	vie privée	Privatleben, Privatsphäre	vida privada, intimidad
privato	private	privé	privat, Privat…	privado, particular
pro	*p. e contro:* pros and cons	pour	*p. (e contro):* Für (und Wieder)	pro
probabile	likely, probable	probable	wahrscheinlich	probable
probabilmente	probably, likely, possibly	probablement	wahrscheinlich	probablemente
problema	problem	problème	Problem, Frage	problema
problematico	problematic	problématique	problemreich, problematisch	problemático
prodotto	product	produit	Produkt	producto
produrre	to produce	produire	erzeugen, produzieren	producir
produttivo	productive	productif	produktiv	productivo
produttore	producer	producteur	Erzeuger, Hersteller	productor
professionale	professional	professionnel	Berufs…, beruflich	profesional
professione	profession, occupation	profession	Berufs…, beruflich	profesión
professore	professor	professeur	Professor, Lehrer, Hochschullehrer	profesor
profilo	outline	profil	Abriss	perfil
profondità	depth	profondeur	Tiefe, Tiefgründigkeit	profundidad
profondo	deep	profond	tief, tief gehend	profundo
profumo	fragrance, scent, odour	parfum	Duft	perfume
progettare	to project, to plan	projeter	entwerfen	proyectar, diseñar
progetto	project, plan	projet	Projekt	proyecto
programma	programme	programme	Programm, Plan	programa
progredire	to advance, to improve	progresser	Fortschritte machen	progresar
progresso	progress	progrès	Fortschritt	progreso
proletario	proletarian	prolétaire	proletarisch, Proletarier…	proletario
prolungare	to extend	prolonger	verlängern	prolongar
promettere	to promise	promettre	versprechen	prometer
pronto	ready; hello?	prêt; allô?	fertig, bereit; hallo	listo, preparado; ¡dígame!
proporre	to propose, to suggest	proposer	vorschlagen	proponer

ITALIANO	ENGLISH	FRANÇAIS	DEUTSCH	ESPAÑOL
a **proposito**	by the way	à propos	übrigens, was ich noch sagen wollte, apropos	a propósito, ¡por cierto!
proposito	resolution	résolution	Vorsatz	propósito, intención
proposta	proposal, suggestion	proposition	vorschlagen	propuesta
proprietà	property	propriété	Besitz	propiedad
proprietario	owner, possessor	propriétaire	Besitzer	dueño
proprio	really; one's own	vraiment; son propre; in p.: à son compte	wirklich, tatsächlich; sein	justo, realmente; *p. no:* ni hablar; *in p.:* por su cuenta; así es, eso mismo; en absoluto; propio
prosciutto	ham	jambon	Schinken	jamón
proseguimento	*buon p.:* enjoy the rest of your journey!	continuation	Weiterreise	*buon p.:* buen viaje
proseguire	to continue	poursuivre	weitergehen, weiterfahren	seguir
prospettiva	perspective	perspective	Prospektive	perspectiva
prossimo	next	prochain	nächst	*la settimana p.:* la semana que viene
protagonista	lead, main character	protagoniste	Hauptdarsteller, Hauptfigur	protagonista
proteggere	to protect, to defend	protéger	schützen	proteger
protesta	protest, remonstrance	protestation	Protest	protesta
protestare	to protest	protester	protestieren	protestar
provare	to try, to attempt	essayer	versuchen, probieren, anprobieren, ausprobieren	intentar, probar
proveniente	coming from	provenant	kommend	procedente
provenienza	origin	provenance	Herkunft	procedencia, origen
proverbio	proverb, saying	proverbe	Sprichwort	refrán
provincia	province	province	Provinz	provincia
provino	screen test	bout d'essai	Probeaufnahme	prueba, casting
provvisorio	temporary	provisoire	provisorisch	provisional
psicologia	psychology	psychologie	Psychologie	psicología
psicologo	psychologist	psychologue	Psychologe	psicólogo
pubblicità	advertising, advertisement	publicité	Werbung, Reklame	anuncio, publicidad
pubblicitario	adevrtising ...; advertising man	publicitaire	Werbe…, Reklame…	publicitario
pubblicizzare	to advertise, to promote	promouvoir l'image de	werben für	publicitar, anunciar, darle publicidad
pubblico	audience, public	public	Publikum	público
pugno	fist, punch; *un p. nell'occhio:* an eysore, a monstrosity	poing, coup de poing	Faustschlag, Faust	puñetazo
pulire	to clean	nettoyer	sauber machen, putzen	limpiar
pulito	clean	propre	sauber	limpio
punta	toe	pointe; bout	Spitze	punta
puntare	to point	pointer	richten	señalar con el dedo
punto	point; period!	point; *a un certo p.:* à un certain moment	Punkt; *a un certo p.:* auf einmal; p. forte.: Schwerpunkt	punto; *a un certo p.:* en un cierto punto, en un momento dado
puntuale	punctual	ponctuel	pünktlich	puntual
pur / pure	still, yet, but, though, even if, even though	bien; aussi, donc	doch; ruhig, auch	también, pues; *e p. io:* y sin embargo yo
purtroppo	unfortunately	malheureusement	leider	desgraciadamente
qua	here	ici	da, hier	aquí
quaderno	exercise book	cahier	Heft	cuaderno, libreta
quadrato	square	carré	quadratisch	cuadrado
quadro	painting	tableau	Bild, Gemälde	cuadro
qualche	some	quelques	einige, irgendein; *q. volta:* manchmal; *q. cosa:* irgendetwas	algún
qualcosa	something	quelque chose	etwas	algo
qualcuno	someone, somebody	quelqu'un, quelques-uns	jemand, irgendjemand	alguien, alguno
quale	which, what	quel; lequel	welcher, der, dieser	que, cual; qué, cuál
qualsiasi	any; ordinary, common	n'importe quel, quelconque	irgendein, x-beliebig	cualquiera
qualunque	any; ordinary, common	n'importe quel, quelconque	x-beliebig	cualquiera
quando	when	quand	wenn, wann, als	cuando

ITALIANO	ENGLISH	FRANÇAIS	DEUTSCH	ESPAÑOL
quantità	quantity, amount	quantité	Anzahl, Quantität	cantidad
quanto	how much, how long	combien; *q. vorrei:* autant que je voudrais; *q. a noi:* quant à	wie viel, so viel wie, wie weit, wie sehr; *q. volte:* wie oft; *q. tempo:* wie lange; *q. a:* was anbelangt	cuanto
quartiere	district	quartier	Viertel, Stadtteil	barrio
quarto	fourth	quatrième	vierte	cuarto
quasi	almost, nearly	presque	fast, beinahe	casi
quello	that	ce, celui, celui-là	jener, der, das, dies; *q. che:* der, der; das, was; derjenige, der, was	lo que, el de, ese, aquel
questione	matter	question	Angelegenheit	cuestión, asunto
questo	this, that	ce (adj.),celui-ci (pron.)	dieser, der, nächst; *q. mattina:* heute morgen	esto, este
qui	here	ici	hier, da	aquí
quintale	quintal	quintal	Doppelzentner	quintal
quinto	fifth	cinquième	fünfte	quinto
quotidiano	daily; daily newspaper	quotidien; journal-quotidien	alltäglich; Tageszeitung	cotidiano; periódico
raccogliere	to pick up	recueillir	einsammeln, ernten	recoger; cosechar
raccomandare	*mi raccomando:* please!	*mi raccomando:* je t'en prie!	ans Herz legen	*mi raccomando:* ¡te lo pido por favor!
raccomandato	recommended person, a person with friends in high places	pistonné	wer über gute (einflussreiche) Beziehungen verfügt	enchufado
raccontare	to tell	raconter	erzählen, berichten	contar
racconto	story, narration	récit	Erzählung, Geschichte, Bericht	relato
radio	radio	radio	Radio	radio
raffigurare	to represent	représenter	darstellen	representar
ragazzo	boy	garçon	Junge, junger Mann, Freund; *bravo r.:* anständiger Kerl	chico, chaval
raggiungere	to reach	atteindre	erreichen	llegar, alcanzar
raggruppare	to gather	regrouper	eine Gruppe bilden	agrupar, reunirse
ragione	*avere r.:* to be right/correct	raison	*avere r.:* Recht haben	razón
rallentare	to slow down	ralentir	langsamer fahren, verlangsamen	ir más despacio, aflojar la marcha
rapidamente	quickly	rapidement	schnell	rápidamente
rapido	intercity train, non-stop train	rapide	Schnellzug	rápido
rapporto	relationship	rapport, relation	Verhältnis, Beziehung	relación
rappresentante	delegate	représentant	Vertreter	representante
rappresentare	to represent	représenter	verkörpern, darstellen, beschreiben, aufführen	representar
rappresentativo	representative	représentatif	repräsentativ, vertretend	representativo
raramente	seldom, rarely	rarement	selten	raras veces
rassegnato	resigned	résigné	resigniert	resignado
realista	realist, pragmatist	réaliste	Realist	realista
realizzare	to realize	réaliser	verwirklichen, realisieren	realizar, llevar a cabo
realizzato	realized	réalisé	realisiert	realizado
realtà	reality	réalité	Realität	realidad
recentemente	recently, lately	récemment	in der letzten Zeit	recientemente
recitare	to recite	jouer, interpréter	vortragen, rezitieren	interpretar, actuar
recuperato	found, recovered	récupéré	bergen	recuperado
regalare	to give, to make a present of	offrir	schenken	regalar
regalo	present	cadeau	Geschenk	regalo
reggersi	to hold	se tenir	sich fest halten	sujetarse
regionale	regional	régional	Regional…, regional	regional
regione	region	région	Gegend, Region, Land	región
regista	director	réalisateur, metteur en scène	Regisseur	director
registrare	to tape, to record	enregistrer	aufnehmen	grabar
registrazione	recording	enregistrement	Aufnahme	grabación
registro	register	registre	Register	cuaderno
regola	rule	règle	Regel, Vorschrift	regla

ITALIANO	ENGLISH	FRANÇAIS	DEUTSCH	ESPAÑOL
reinserire	to insert again, to reinsert	réinsérer	wieder einfügen	reinsertar, colocar
relatore	speaker	rapporteur	Referent	conferenciante
relazione	report	rapport	Beziehung, Bezug, Verhältnis	relación
religioso	religious	religieux	religiös	religioso
reliquia	relic	relique	Reliquie	reliquia
rendere	to make	rendre	werden lassen, erscheinen lassen	hacer, volver
reparto	section	zone	Abteilung	compartimento
resistere	to resist	résister	standhalten	resistir
restare	to stay, to remain	rester	bleiben	quedarse
restaurato	restored	restauré	restauriert	restaurado
restituire	to return, to give back	restituer	zurückgeben	devolver
resto	change, rest	reste	Rest, Restbetrag	cambio (moneda); resto; *e tutto il r.:* y todo lo demás
rete	net	but, filet	Netz	red, portería de fútbol
retta	*dare r.:* to listen, to pay attention	attention, écoute	*dare r. a:* hören auf	*dare r.:* hacer caso
ricco	rich	riche	reich	rico
ricerca → **motore** di r.				
ricercatore	researcher	chercheur	Forscher	investigador
ricetta	recipe	recette	Rezept	receta
ricevere	to receive	recevoir	bekommen, kriegen, erhalten	recibir
richiamare	to phone/call back	rappeler	zurückrufen	volver a llamar
richiesta	request	demande	Bitte, Wunsch, Verlangen	petición
richiudere	to close again	refermer	wieder zumachen	volver a cerrar
ricominciare	to restart	recommencer	wieder beginnen, wieder anfangen	volver a empezar
ricomporre	to reassemble, to put back together	recomposer	wieder in Ordnung bringen	recomponer
riconoscere	to recognize, to spot	reconnaître	wieder erkennen, erkennen	reconocer
riconoscibile	recognizable, identifiable	reconnaissable	wieder erkennbar	reconocible
ricordare	to remember	rappeler	sich erinnern an, im Gedächtnis haben, erinnern an	recordar
ricordarsi	to remember	se rappeler, se souvenir	sich erinnern, sich entsinnen	recordar, acordarse de
ricordo	memory	souvenir	Erinnerung, Andenken	recuerdo
ricorrere	to recur, to return	recourir	wiederkehren	repetirse
ricostruire	to reconstitute, to re-form	reconstruire	rekonstruieren, wieder aufbauen	reconstruir
ridere	to laugh	rire	lachen	reír, reírse
ridicolo	ridiculous	ridicule	lächerlich	ridículo
ridurre	*r. alla fame:* to starve	réduire	*r. alla fame:* jdn. ins Elend bringen	*r. alla fame:* sumir en la pobreza
riempire	to fill in, to complete	remplir	ausfüllen	rellenar
rientrare	to return, to come back	rentrer	zurückkehren; *r. in casa:* nach Hause kommen	regresar
rientro	return	rentrée	Heimkehr	regreso, vuelta a casa
riferimento	reference	référence	Anhaltspunkt	referencia
riferirsi	to relate	se rapporter	sich beziehen, Bezug nehmen (auf)	referirse
rifinito	well-finished	fini	vollendet	acabado, rematado
rifiutare	to refuse, to deny	refuser	ablehnen, zurückweisen	rehusar, rechazar; *rifiutarsi:* negarse
rifiuto	refuse	dechet	Abfall, Müll	basura
riforma	reform	réforme	Reform	reforma
riga	line	ligne, rayure	Zeile; *a righe:* gestreift	línea, raya
rigatoni	rigatoni: pasta in the form of short hollow fluted tubes	rigatoni, type de pâtes	Rohrnudeln	tipo de macarrones
rigido	rigid, stern	rigide	streng	rígido
rigorosamente	strictly	rigoureusement	rigoros	rigurosamente
riguardare	to look at again; to regard	regarder	wieder betrachten, betreffen, angehen	volver a mirar; referirse, concernir, tener que ver
rilassante	relaxing	délassant, qui détend	entspannend	relajante

ITALIANO	ENGLISH	FRANÇAIS	DEUTSCH	ESPAÑOL
rilassato	relaxed	détendu	entspannt	relajado
rileggere	to read again	relire	wieder lesen	releer
rimandare	to put off, to postpone	reporter, différer	aufschieben	posponer, aplazar
rimanere	to stay, to remain	rester	bleiben	quedarse, estar
rimborsare	to refund	rembourser	(Kosten) erstatten	reembolsar
rimborso	refund	remboursement	Kostenerstattung	reembolso
rimettere	to replace, to put back	remettre	wieder stellen, wieder stecken	colocar, poner
rimproverare	to reproach	reprocher	Vorwürfe machen	reñir
rinascimentale	Renaissance (attr.)	de la Renaissance	der Renaissance	renacentista
rincontrarsi	to meet again	se rencontrer de nouveau	sich wiedertreffen	volverse a ver
rinforzare	to strengthen	renforcer	verstärken	reforzar
ringraziare	to thank	remercier	danken	agradecer
rione	district, quarter	quartier	Stadtviertel	barrio
riparare	to repair	réparer	reparieren	reparar, arreglar
ripartire	to leave again	repartir	wieder abfahren	salir de nuevo, volver a marcharse
ripensare	to think back	repenser	wieder denken (an), nachdenken (über)	meditar, acordarse
ripetutamente	repeatedly	plusieurs fois	immer wieder und wieder	repetidamente
ripiano	shelf	étagère	Regal	estante, balda
riposante	restful, relaxing	reposant	erholsam	relajante
riprendere	to start again, to resume	reprendre	wieder aufnehmen	retomar
riproduzione	reproduction	reproduction	Reproduktion	reproducción
riprovare	to try again	réessayer	wieder versuchen	volver a intentar
riscaldamento	heating	chauffage	Heizung, Heizanlage	calefacción
riscrivere	to rewrite, to write again	récrire	abschreiben, wieder schreiben	volver a escribir
riservato	reserved, modest	réservé	reserviert, vorbehalten; zurückhaltend	reservado
risolvere	to solve/crack a problem	résoudre	lösen	resolver
risotto	risotto	risotto	Risotto, Reisgericht	plato de arroz elaborado con diferentes ingredientes
rispettare	to respect	respecter	respektieren, beachten, befolgen, anerkennen	respetar
rispetto	respect	respect	Respekt, Hochachtung	respeto; respecto
rispondere	to answer	répondre	antworten, erwidern, beantworten, sich melden	responder, contestar
risposta	answer	réponse	Antwort	respuesta, contestación
ristorante	restaurant	restaurant	Restaurant	restaurante
ristoratore	restaurateur	restaurateur	Gastwirt	dueño de un restaurante
ristorazione	catering	restauration	Gaststättengewerbe	catena di r.: cadena de restaurantes
ristretto	caffè r.: strong	serré	stark	concentrado
ristrutturare	to restructure, to reorganize	restructurer	renovieren	reformar, restaurar
risveglio	awakening	réveil	Erwachen	despertar
ritaglio	clipping; r. di giornale: press cutting	coupure	Ausschnitt	recorte
ritardo	delay; treno in r.: delayed train; essere in r.: to be late, to be behind schedule	retard	Verspätung	retraso; essere in r.: ir con retraso
ritelefonare	to phone back/again	retéléphoner, rappeler	wieder anrufen	volver a llamar por teléfono
ritmo	rhythm, rate, swing	rythme	Rhythmus	ritmo
rito	ritual, rite	rite	Ritus	rito
ritornare	to return, to come back	retourner	zurückkehren; r. in mente: wieder einfallen	volver, regresar
ritorno	return	retour	Rückfahrt, Rückkehr	vuelta, regreso
ritratto	portrait, depiction, picture	portrait	Porträt	retrato
ritrovare	to find	retrouver	auffinden, wieder finden	encontrar
ritrovarsi	to meet	se retrouver	zusammenkommen	verse, encontrarse
ritrovo	resort, meeting-place	rencontre	Treffpunkt	encuentro
rituale	ritual	rituel	Ritual	ritual
riunione	meeting	réunion	Versammlung	reunión
riuscire a	to succeed	réussir à	imstande sein, schaf-	conseguir, lograr

ITALIANO	ENGLISH	FRANÇAIS	DEUTSCH	ESPAÑOL
			fen, können, gelingen	
riutilizzare	to reutilize, to utilize again	réemployer	wieder verwenden, wieder verwerten	reutilizar
riva	shore	bord	Ufer	orilla
rivale	competing	rival	Konkurrenz…	rival, competidor
rivedere	to see again	revoir	wieder sehen, wieder treffen	volver a ver
rivista	magazine	revue	Zeitschrift	revista
roba	stuff	chose, ça; *che r. è?:* qu'est-ce que c'est que ça?	Zeug, Sachen	cosa
roccia	rock	rocher	Felsen	roca
romagnolo	of/from Romagna	romagnol, de Romagne	romagnolisch, Romagnole	habitante de Romaña, región de Italia
romano	Roman	romain	römisch, Römer	romano
romantico	romantic	romantique	romantisch	romántico
romanzo	novel	roman	Roman	novela
rompersi	to break	se casser	kaputt gehen	romperse
rondine	swallow	hirondelle	Schwalbe	golondrina
rosa	pink	rose	rosa	rosa
roseto	rosary, rose-garden	roseraie	Rosengarten	rosaleda
rosmarino	rosemary	romarin	Rosmarin	romero
rosone	rose-window, rose	rosace	Rosette	rosetón
rossastro	reddish, ruddy	roussâtre	rötlich	rojizo
rossiccio	reddish, ruddy	rougeâtre	rötlich	rojo, color rojizo
rosso	red	rouge	rot	rojo
rotolo	roll	rouleau	Rolle	rollo
rotondo	round, spherical	rond	rund	redondo
routine	routine	routine	Routine	rutina
rovesciare	to spill	renverser	umstoßen	tirar, volcar
rovina	remains, ruins	ruine	Ruine	ruinas
rubare	to steal, to rob	voler	stehlen	robar
rubinetto	tap	robinet	Hahn	grifo
rudere	remains, ruins	ruine	Ruine	ruinas
rumore	noise	bruit	Lärm, Krach	ruido
rumoroso	noisy	bruyant	laut, geräuschvoll	ruidoso
ruolo	role, part	rôle	Rolle	papel, rol
russo	Russian	russe	russisch	ruso
sabato	Saturday	samedi	Samstag, Sonnabend	sábado
sabbia	sand	sable	Sand	arena
sacchetto	bag	sachet	Beutel, Tüte	bolsa
sacco a pelo	sleeping bag	sac de couchage	Schlafsack	saco de dormir
sacco → colazione al s.				
sagra	festival	fête	Fest	feria, fiesta popular
sala	hall	salle	Saal	salón
salame	salami	saucisson	Salami	chorizo, salami
salato	salted, salty	salé	salzig; *pagare s.:* teuer bezahlen	salado; *pagare s.:* pagar caro
saldi	sales	soldes	Schlussverkauf	rebajas
sale	salt	sel	Salz	sal
salire	to go up, to come up, to go on (board)	monter	einsteigen, steigen, hinaufsteigen	subir
in salita	uphill	en côte; d'en bas	ansteigend	subida
salone	hall	salle	Wohnzimmer	salón
salotto	sitting/living room, lounge	salon	Wohnzimmer, Kreis, Gesellschaft	sala de estar
saltuario	occasional, sporadic, casual	irrégulier	*lavoro s.:* Gelegenheitsarbeit	discontinuo, esporádico
salumeria	delicatessen	charcuterie	Wurstwarenhandlung	charcutería
salutare	to greet	saluer	grüßen, begrüßen, verabschieden	saludar, despedirse
saluto	greeting	salut, salutation	Gruß, Grußwort	saludo
salvare	to save, to rescue, to spare	sauver	retten	salvar
salvietta	napkin, serviette	serviette	Tuch, Serviette	servilleta
sandalo	sandal	sandale	Sandale	sandalia
sangue	blood	sang	Blut	sangre
sanguisuga	leech, bloodsucker	sangsue	Blutsauger	sanguijuela
sano	healthy, wholesome	sain	gesund	sano
santo	saint	saint	heilig, Heilige	santo

ITALIANO	ENGLISH	FRANÇAIS	DEUTSCH	ESPAÑOL
sapere	to know	savoir	erfahren, in Erfahrung bringen, wissen	saber
sapore	taste, flavour	goût, saveur	Geschmack	sabor, gusto
sardo	Sardinian	sarde, de la Sardaigne	sardisch	de Cerdeña
sasso	stone	caillou	Stein	piedra
sassolino	pebble	petit caillou	Steinchen	piedrecita, chinita
sbagliare	to make a mistake, to get (st) wrong	faire erreur, se tromper	(sich) irren, sich täuschen, verwechseln	equivocarse
sbalzare	to hurl	jeter	schleudern	salir despedido
sbrigarsi	to hasten, to hurry	se depêcher	sich beeilen	darse prisa
scale	stairs	escaliers	Treppe	escaleras
scaletta	list	plan, canevas	Gliederung	lista
scaloppina	escalope	escalope	Schnitzel	escalope
scambiarsi	to exchange	échanger	austauschen, wechseln	intercambiarse
scandalistico	sensationalistic	à scandales	Skandal…	escandalizador
scandalizzato	scandalized	scandalisé	empört	escandalizado
scandalo	scandal, outrage	scandale	Skandal	escándalo
scappare	to run off, to fly, to rush	fuir	laufen, eilen, flüchten, fliehen, entwischen	escapar, irse corriendo, huir
scarpa	shoe	chaussure	Schuh	zapato
scatola	box	boîte	Packung	caja
scattare	s. fotografie: to take photographs	s. fotografie: prendre des photos	s. una foto: ein Foto machen	s. fotografie: hacer fotos
scavare	to bore	creuser	graben, ausheben	excavar
scegliere	to choose	choisir	wählen, aussuchen, auswählen	elegir
scelta	choice	choix	Wahl, Auswahl, Entscheidung; a s.: nach (freier) Wahl, nach Belieben	elección, a s.: a elegir
scemo	silly, fool, halfwit	idiot	dumm, blöde	bobo, tonto
scena	scene	scène	Szene, Szenerie	escena
scenario	scene, scenery, landscape	décor	Szenerie, Bühnenbild	escenario
scendere	to go/come down, to get off	déscendre	hinuntergehen, aussteigen, herabfallen	bajar
scenografia	scenography	décors	Bühnenbild, Szene	escenografía
scheda	card	fiche	Karte	ficha; tarjeta
schema	table, chart	schéma	Schema	esquema
scherzare	to kid, to joke	plaisanter	scherzen, spaßen, Spaß machen	bromear; anche i romani non scherzano: tampoco los romanos se quedan cortos
scherzoso	humorous, playful	enjoué	scherzhaft, heiter, lustig	bromista
schiacciare	to press, to push	appuyer	drücken	presionar, teclear
schifato	disgusted	dégoûté	angeekelt	asqueado
schifo	disgust, loathing	dégoût; fare s.: être dégoûtant	fare s.: ekelhaft sein	asco; fare s.: dar asco
schifoso	revolting, loathsome	dégoûtant	ekelhaft, widerwärtig	asqueroso
schiuma	foam, froth	mousse	Schaum	espuma
sci	ski	ski	Ski	esquí
sciarpa	scarf	écharpe	Schal	bufanda
scioccato	shocked	choqué	schockiert	aturdido
sciopero	strike	grève	Streik	huelga
scogliera	cliff, reef	rochers, falaise	Felsenriff, Klippen	arrecife
scolapasta	colander	passoire	Nudelsieb	escurridor de pasta
scolare	to drain	égoutter	s. la pasta: Nudeln abgießen	escurrir, colar
scolpire	to sculpt	sculpter	hauen	esculpir
scomparire	to disappear, to vanish	disparaître	verschwinden	desaparecer
scompartimento	compartment	compartiment	Abteil	compartimiento
sconosciuto	stranger; unknown	inconnu	unbekannt	desconocido
scontato	discounted	réduit	im Preis reduziert	con descuento
scontrino	ticket, docket	ticket	Kassenzettel	ticket
scoop	scoop	scoop	Scoop	exclusiva, noticia bomba
scopa	broom	balai	Besen	escoba
scoperchiato	lidless	ouvert, sans couvercle	abgedeckt, ohne Deckel	destapado
scopo	purpose	but	Zweck	fin, finalidad
scoppiare	to burst	éclater	platzen	estallar
scoprire	to find out, to discover	découvrir	entdecken	descubrir
scorcio	view	vue	Teilansicht	escorzo

ITALIANO	ENGLISH	FRANÇAIS	DEUTSCH	ESPAÑOL
scordarsi	to forget	oublier	vergessen	olvidarse
scorrere	to slide, to pass	défiler	dahingleiten	fluir, pasar, discurrir
scorso	past, last	dernier	vergangen, vorig, letzt	pasado
scortese	rude, impolite	impoli	unhöflich, unfreundlich	maleducado, desagradable
scotto	overcooked, overdone	trop cuit	zerkocht	pasado (pasta)
scritta	sign	inscription	geschrieben, schriftlich	escrita; letrero
scrittore	writer	écrivain	Schriftsteller	escritor
scrittura	writing	écriture	Schreiben	escritura
scrivere	to write	écrire	schreiben, aufschreiben, verfassen	escribir
scudetto	shield; *vincere lo s.:* to win the championship	championnat	Meistertitel, Meisterschaft	título de campeón de liga
scultura	sculpture	sculpture	Schnitzerei	escultura
scuola	school	école	Schule	escuela, colegio; *s. materna:* preescolar; *s. secondaria:* segundo ciclo o bachillerato
scuro	dark	sombre	dunkel	oscuro; moreno
scusa	excuse, pretext	excuse	Vorwand	perdón, perdona, disculpa, lo siento, excusa
scusare	to excuse	excuser	entschuldigen, verzeihen	disculpar, perdonar
scusarsi	to apologize	s'excuser	sich entschuldigen	pedir perdón, disculparse, pedir disculpas
se	if	si	ob, wenn	si
sé	oneself	soi	sich	*con s.:* consigo; *tra s., dentro di s.:* para sus adentros
secco	dry	sec	trocken	seco
secolo	century	siècle	Jahrhundert	siglo
secondo	second	second, deuxième	zweite, zweiter Gang; Sekunde	segundo
secondo	according to, in … view, in … opinion	selon	nach, gemäß; *s. me:* meiner Meinung nach	según; *s. me:* en mi opinión
sedere	to sit down	asseoir	sitzen	sentarse
sedersi	to sit down	s'asseoir	sich setzen, Platz nehmen	sentarse
sedia	chair	chaise	Stuhl	silla
sedile	seat	siège	Sitz	asiento
seduto	seated; sitting	assis	*essere s.:* sitzen	sentado
segnalare	to signal, to indicate	signaler	signalisieren, anzeigen	señalar
segnale	sign, signal	signal	*s. stradale:* Verkehrszeichen	señal
segnalibro	bookmark	marque-page	Lesezeichen	separador
segnare	to mark, to record	marquer	notieren, kennzeichnen, aufzeichnen; *s. un goal:* ein Tor schießen	señalar, marcar, indicar
segno	*farsi il s. della croce:* to cross oneself	signe	Zeichen	*s. della croce:* señal de la cruz
segreto	secret; secret	secret; secret	geheim, Geheim…; Geheimnis	secreto; secreto
seguente	following	suivant	folgend	siguiente
seguire	to follow	suivre	folgen, befolgen, verfolgen	seguir
semaforo	traffic lights	feu	Ampel	semáforo
sembrare	to seem	sembler	scheinen, den Anschein haben, aussehen wie	parecer
seminare	to sow	semer	sähen, aussähen	sembrar
semplice	simple	simple	einfach	sencillo, fácil, simple
semplicemente	simply	simplement	einfach, lediglich	simplemente
sempre	always	toujours	immer, stets, ununterbrochen, jedes Mal	siempre; *s. meno/più:* cada vez menos/más
sensazione	feeling, sensation	sensation	Empfindung	sensación
senso	sense, direction/way	sens	Sinn; *in s. contrario:* in entgegengesetzter Richtung	sentido
sentire	to hear, to feel, to smell	sentir; entendre	hören, spüren, empfinden, zuhören, wahr-	oír, sentir; escuchar; *fatti s.!:* ¡llámame!

ITALIANO	ENGLISH	FRANÇAIS	DEUTSCH	ESPAÑOL
			nehmen	
sentirsela	to feel up to, to feel like doing st	se sentir à même de	sich imstande fühlen	sentirse capaz o con fuerzas de
senza	without	sans	ohne	sin
separato	apart	séparé	getrennt	separado
sera	evening	soir	Abend; *la s.:* abends, am Abend	tarde
serata	evening	soirée	Abend; *la s.:* abends, am Abend	noche, velada
sereno	cloudless, tranquil, untroubled	serein	heiter, wolkenlos, unbeschwert	despejado
seriamente	seriously	sérieusement	ernsthaft	seriamente, en serio
serio	serious	serieux	ernst, ernsthaft, zuverlässig	serio
servire	to serve	servir	dienen, brauchen, servieren	servir; hacer falta
servizio	service, report/feature, set	service	Service, Dienst, Dienstleistung, Reportage	servicio; juego (tazas, platos...), sesión fotográfica
sesto	sixth	sixième	sechste	sexto
set	set	set; jeu	Satz	juego
sete	thirst	soif	Durst	sed
settantenne	seventy-year-old	septuagénaire	siebzigjährig	persona de setenta años, setentón
settembre	September	septembre	September	septiembre
settentrionale	northern	septentrional, du nord	nördlich, Nord…	septentrional
settimana	week	semaine	Woche	semana
settimo	seventh	septième	siebte	séptimo
settore	sector	secteur	Bereich	sector, campo
settoriale	sectorial	sectoriel	*linguaggio s.:* Fachsprache	sectorial
severo	severe, strict	sévère	streng	severo
sfamare	to satiate	nourrir, rassasier	sättigen	quitar el hambre
sfasciare	to smash, to shatter	démolir	kaputtmachen	romper, destrozar
sfera	sphere	sphère	Kugel	esfera
sfiga	rough luck, jinx, hoodoo	poisse	Pech	mala pata; *portare s.:* traer mala suerte, gafar
sfilare	to model, to walk down the catwalk	défiler	vorbeiziehen, laufen	desfilar
sfilata	fashion show/parade	défilé	Modenschau	desfile
sfogliare	to flick through	feuilleter	durchblättern	hojear
sfogliatella	sfogliatella: puff filled with ricotta and candied fruit	sfogliatella, petit gâteau fourré	Blätterteiggebäck	pastel de hojaldre
sfondo	background	fond	Hintergrund	fondo
sfortuna	ill/bad luck	malchance	Unglück, Pech	mala suerte
sgabello	stool	tabouret	Hocker	taburete
sguardo	look, glance	regard	Blick	mirada; vistazo, ojeada
shampoo	shampoo	shampooing	Schampoo	champú
shock	shock	choc	Schock	shock, conmoción
sì	yes	oui	ja, doch, ja doch	sí
siciliano	Sicilian	sicilien, de la Sicile	sizilianisch, Sizilianer	siciliano
sicuramente	absolutely, certainly, for sure	certainement	sicher, sicherlich, bestimmt	seguro, sin duda, fijo
sicurezza	safety	sécurité	Sicherheit	seguridad
sicuro	sure	sûr	sicher	seguro
sigaretta	cigarette	cigarette	Zigarette	cigarro
sigaro	cigar	cigarette	Zigarre	puro
sigla	(car number plate) abbreviation	sigle	Abkürzung	sigla, matrícula, abreviatura
significare	to mean, to signify, to indicate	signifier	bedeuten	significar
significativo	significative, revealing, significant	significatif	bezeichnend	significativo
signor	Mr	monsieur	Herr	señor
signorina	Miss	mademoiselle	Fräulein	señorita
silenzio	silence	silence	Stille; *in s.:* still	silencio
silenzioso	silent, quiet, peaceful	silencieux	still	silencioso
sillaba	syllable	syllabe	Silbe	sílaba

ITALIANO	ENGLISH	FRANÇAIS	DEUTSCH	ESPAÑOL
simbolico	symbolic	symbolique	symbolisch	simbólico
simbolizzare	to symbolize	symboliser	Symbolcharakter verleihen	simbolizar
simbolo	symbol, emblem	symbole	Symbol	símbolo
simile	similar	semblable	ähnlich	similar, parecido
similitudine	likeness, similitude, similarity	similitude	Ähnlichkeit	parecido
simpatia	liking, attraction, sympathy	sympathie	Sympathie	simpatía
simpatico	pleasant, lovely, nice	sympathique	sympatisch	simpático, persona simpática
sinagoga	synagogue	synagogue	Synagoge	sinagoga
sincronia	synchrony, synchronism	synchronie	*in s.:* gleichzeitig	sincronía
sindacalista	union officer, unionist	syndicaliste	Gewerkschaftler	sindicalista
sinistra	left	gauche	linke Seite; *a s.:* links	izquierda
sinonimo	synonym	synonyme	Synonym	sinónimo
sistema	system	système	System	sistema
sistemare	to arrange; *sistemarsi:* to get married, to settle down	installer, placer, caser	ordnen, einordnen, anordnen, unterbringen	colocar, ordenar; colocarse, encontrar trabajo; casarse
situazione	situation	situation	Situation	situación
slogan	slogan, byword	slogan	Slogan	eslogan
smalto	nail polish	vernis à ongles	Nagellack	esmalte
smettere	to stop, to quit	arrêter; *smettila!:* arrête!	aufhören	dejar (de); *smettila!:* ¡ya está bien!, ¡basta ya!
smog	smog	smog	Smog	esmog, contaminación
sociale → **estrazione** s.				
sociale → **assistente** s.				
società	society, community, club, company, firm, corporation	société	Gesellschaft	sociedad
soddisfacente	satisfactory, rewarding	satisfaisant	zufriedenstellend	satisfactorio
soddisfazione	satisfaction, fulfilment, gratification	satisfaction	Befriedigung	satisfacción
soffiare	to blow	souffler	blasen	soplar
soffriggere	to brown, to fry on a low fire/heat	faire revenir	anbraten, bräunen	sofreír
soffrire	to suffer	souffrir	leiden	sufrir, penar, padecer
soffritto	fried on a low heat	qu'on a fait revenir, rissolé	angebraten	sofrito
soggiorno	living room	séjour	Wohnzimmer	salón, sala de estar
soglia	threshold	seuil	Schwelle	umbral
sognare	to dream	rêver	träumen von, träumen	soñar
sognatore	dreamer	rêveur	Träumer	soñador
sogno	dream	rêve	Traum	sueño
solare	sunny, bright and cheerful; *crema s.:* sunscreen	solaire	Sonnen…, sonnig, heiter	solar
soldato	soldier	soldat	Soldat	soldado
soldi	money	argent	Geld	dinero; *s. contanti:* en metálico, en efectivo
sole	sun	soleil	Sonnen…, sonnig, heiter	sol
solidarietà	solidarity	solidarité	Solidarität	solidaridad
solitario	alone	solitaire	einsam	solitario
solito	*di s.:* usually; *il s.:* the same	même, habituel; *di s.:* d'habitude	üblich; *di s.:* gewöhnlich	*di s.:* normalmente; *come al s.:* como de costumbre
solitudine	loneliness	solitude	Einsamkeit	soledad
solo	lonely, lone, unaccompanied; only; just	seul; seulement; juste	allein; nur, bloß, lediglich, allein	solo; sólo, solamente
soltanto	only; just	seulement	nur, bloß, lediglich, allein	sólo
soluzione	solution, answer	solution	Lösung	solución
somigliare	to look like, to take after	ressembler	ähneln, ähnlich sein	parecerse
sommare → **tutto** s.				
sondaggio	survey	sondage	Umfrage	sondeo, encuesta
sonno	sleep	sommeil	Schläfrigkeit; *avere s.:* müde sein, schläfrig sein	sueño
sopra	above, on, upon, onto, on top of	sur, au-dessus	obere, oben, über	arriba, encima (de)

ITALIANO	ENGLISH	FRANÇAIS	DEUTSCH	ESPAÑOL
soprattutto	above all, mainly, especially	surtout	vor allem	sobre todo
sorella	sister; nun, sister	sœur; bonne sœur	Schwester; Schwester, Nonne	hermana; hermana, monja
sorgere	to rise	se lever	aufgehen	*il s. del sole:* amanecer
sorprendente	amazing, stunning, outstanding	surprenant	überraschend, erstaunlich	sorprendente
sorpresa	surprise	surprise	Überraschung	sorpresa
sorpreso	surprised	surpris	überrascht	sorprendido, asombrado
sorridere	to smile	sourire	lächeln	sonreír
sorvegliante	warden, guard	surveillant	Wächter, Wärter, Aufseher	vigilante
sospendere	to suspend, to interrupt	suspendre	unterbrechen	interrumpir, suspender
sospettare	to suspect	soupçonner	im Verdacht haben	sospechar
sosta	stop, break, pause, call	arrêt, pause	Rast	pausa, descanso
sostanza	substance	substance	Substanz, Stoff	sustancia
sostituire	to replace, to take the place of, to fill in for	remplacer	ersetzen	sustituir
sotterraneo	subterranean, underground	souterrain	unterirdisch	subterráneo
sottile	thin, slim	fin	dünn, fein	fino/a
sotto	under, beneath, below	sous, au-dessous	unten, unter, untere	debajo (de), abajo, bajo, que siguen
sottolineare	to underline	souligner	unterstreichen	subrayar
sottosopra	upside down, topsy-turvy	sens dessus dessous	durcheinander, drunter und drüber	patas arriba; al revés
souvenir	souvenir	souvenir	Andenken	recuerdo, suvenir
spaghetti	spaghetti	spaghetti	Spaghetti	espaguetis
spagnolo	Spanish	espagnol	spanisch	español
spalla	shoulder	dos, épaule; *stare sulle s. di qualcuno:* vivre sur le dos de qn	Schulter; *stare sulle s. di qualcuno:* von jdm. unterhalten werden	hombro; *stare sulle s. di qualcuno:* estar a cargo de alguien, vivir a costa de alguien
spalmare	to smear	étaler	einschmieren	untar
spargere	to spread	répandre	vergießen	derramar
spasso	*portare a s. il cane:* to walk the dog	*portare a s. il cane:* promener le chien	*portare a s.:* spazieren führen	*portare a s.:* sacar a pasear
spaventato	scared, frightened	effrayé	erschrocken	asustado
spazio	space	espace	Raum, Zwischenraum, Weltraum, Platz	espacio
spazzolino	toothbrush	brosse	Zahnbürste	cepillo de dientes
specchiarsi	to look at oneself in a mirror	se regarder dans la glace	sich spiegeln	mirarse al espejo
specchio	mirror	miroir, glace	Spiegel	espejo
speciale	special	spécial	besonder, außerordentlich	especial
specie	*una s. di:* a sort/kind of	espèce	Art	especie
specifico	specific	spécifique	spezifisch	específico
spedire	to send	envoyer	senden, versenden	mandar, enviar
spegnere	to turn/switch off	éteindre	ausschalten	apagar
spengere	to turn/switch off	éteindre	ausschalten	apagar
sperare	to hope	espérer	hoffen	esperar
sperduto	lost, puzzled	perdu	verloren	perdido
sperimentazione	experimentation	expérimentation	Experimentieren	experimentación
spesa	expense; *fare la s.:* to go to the shops, to shop for food	frais, dépense; *fare la s.:* faire ses courses	*fare la s.:* einkaufen	gasto; compra
spesso	often, frequently	souvent	oft, häufig	a menudo, muchas veces
spettacolo	show	spectacle	Schauspiel, Aufführung	espectáculo
spia	spy	espion	Spion	espía
spiaggia	beach	plage	Strand	playa
spicci	small change, coins	monnaie	Kleingeld	suelto (dinero)
spiegare	to explain	expliquer	erklären, erläutern	explicar
spiegazione	explanation	explication	Erklärung, Aufklärung	explicación
spigliato	uninhibited, self-confident, free and easy	désinvolte	unbefangen, ungezwungen	desenvuelto
spillo → tacchi a s.				
spinaci	spinach	épinards	Spinat	espinacas
spingere	to push	pousser	antreiben	empujar, obligar

ITALIANO	ENGLISH	FRANÇAIS	DEUTSCH	ESPAÑOL
spirito	spirit, alcohol, booze	eau-de -vie	Spiritus	alcohol
splendido	splendid, wonderful	splendide	wundervoll, wunderbar	espléndido, magnífico
spolverare	to dust	épousseter	abstauben, entstauben	quitar el polvo
sporcarsi	to get dirty/messy	se salir	sich dreckig machen, sich beschmutzen	mancharse, ensuciarse
sporco	dirty, messy, mucky, filthy	sale	schmutzig, dreckig	sucio, manchado
sport	sport	sport	Sport, Sport…	deporte
sportello	window, counter	guichet	Schalter	ventanilla
sportivo	sports …, sporty	sportif	Sportler, sportlich, Sport…	deportista; deportivo; *vestire s.:* ir de sport, vestirse de sport
sposarsi	to get married	se marier	heiraten, sich verheiraten	casarse
sposo / sposa / sposi	groom / bride / husband and wife	marié / mariée / mariés	Bräutigam / Braut / Brautpaar	novio / novia / novios
spostarsi	to move (along/on)	se déplacer	weg-ziehen	moverse
sprecare	to waste	gaspiller	verschwenden, vergeuden	perder el tiempo; *è sprecato...:* es un desperdicio
spremuta	squash, juice	*s. d'arancia:* oranges pressés	Saft	zumo
spuntare	to sprout, to emerge	se dresser	hervorsprießen	sobresalir, asomar
spunto	cue, hint, idea	idée, suggestion	Stichwort, Anregung	pretexto
squadra	team	équipe	Mannschaft, Gruppe	grupo, equipo
squillare	to ring	sonner	klingeln, läuten	sonar
squillo	ring	sonnerie	Klingeln, Läuten	pitido
squisito	delicious	exquis	köstlich, vorzüglich	exquisito, delicioso
stabilimento	establishment	établissement	Badeanstalt	establecimientos de playa
stabilito	agreed, fixed	établi	festgelegt	establecido
stabilmente	regularly	en permanence, de manière stable	fest	establemente
stadio	stadium	stade	Stadion	estadio, campo de fútbol
stagione	season	saison	Jahreszeit	estación; *fine s.:* final de temporada
stagnola	foil	papier d'aluminium	Stanniol	(papel de) aluminio
stamattina	this morning	ce matin	heute Morgen, heute früh	esta mañana
stancarsi	to get tired	se fatiguer	ermüden, müde werden	cansarse
stanchezza	tiredness, weariness	fatigue	Müdigkeit	cansancio
stanco	tired, exhausted	fatigué	müde	cansado
stanco morto	dead tired	mort de fatigue	todmüde	hecho polvo
standard	standard	standard	Standard, Norm	estándar, standard
stanza	room	pièce	Zimmer	cuarto
stare	to stay	rester; tomber; aller; être; *stare+ gérondif:* être en train de + *inf.;* *sta' zitto!:* tais-toi!; *s. attento:* prêter attention	sein, bleiben, wohnen, sich fühlen, stehen, kleiden, passen; *s.attento:* auf-passen; *s. male:* sich nicht gut fühlen; *s. bene:* sich wohl fühlen; *s. zitto:* den Mund halten; *s. con qcu.:* mit jdm. zusammen sein; *s. per + Inf.:* im Begriff sein; *stare + Gerund.:* gerade, eben dabei sein	estar; *lasciare s.:* dejarlo; *s. attento:* tener cuidado; *come mi sta?:* ¿cómo me queda?; *sta' zitto:* ¡cállate!; *s. sulle spalle di qualcuno:* estar a cargo de alguien, vivir a costa de alguien
stasera	tonight, this evening	ce soir	heute Abend	esta tarde; esta noche
statale	government (attr.)	de l'Etat, publique	staatlich	estatal
stato	state, nation	état, nation	Staat, Nation	estado
statua	statue	statue	Statue	estatua
statuetta	statuette	statuette	Statuette	figura, figurita
stazione	station	gare	Bahnhof	estación
stempiato	bald at the temples, with a receding hairline	aux tempes dégarnies	kahl an den Schläfen	calvo de las sienes
stendere	to hang out the washing	étendre	aufhängen	tender
stereo	stereo	chaîne stéréo	Stereoanlage, Stereogerät	equipo de música
stereotipo	stereotype	stéréotype	Stereotyp, stereotyp	estereotipo
stesso	same	même	derselbe, gleich, selbst,	mismo; *lo s.:* igual-

ITALIANO	ENGLISH	FRANÇAIS	DEUTSCH	ESPAÑOL
			selber; *lo s.:* trotzdem	mente
stile	style	style	Stil	estilo
stilista	fashion designer	styliste	Modedesigner	modisto, diseñador de moda
stimolo	impulse, urge, drive	impulsion	Anreiz	estímulo
stipendio	salary, pay	traitement, salaire	Gehalt	sueldo
stirare	to iron	repasser	bügeln	planchar
stivale	boot	botte	Stiefel	bota
stop	stop	stop	Stoppschild	stop
stordito	giddy, dizzy	étourdi	benommen	impresionado, aturdido
storia	history, story	histoire	Geschichte	historia, relato, tema, asunto
storico	historical; historian, historiographer	historique; historien	historisch, geschichtlich; Historiker, Geschichtsforscher	histórico; historiador
storno	starling	étourneau	Star	pájaro, estornino
strada	road, street	route	Straße	calle, carretera
stradale	road (attr.)	routier	Straßen…, Verkehrs…	de carretera
straniero	foreigner	étranger	Fremd…, ausländisch, Ausländer	extranjero
strano	strange	étrange	seltsam, merkwürdig, sonderbar	extraño, raro
straordinario	extraordinary	extraordinaire	außergewöhnlich	extraordinario
strapieno	crammed, packed	bondé	überfüllt	lleno a rebosar
strappare	to tear	arracher	zerreißen	romper
stress	stress	stress	Stress	estrés
stressante	stressful	stressant	stressig	estresante
stressato	stressed	stressé	gestresst	estresado
stretto	narrow; Straits	étroit; détroit	eng; Straße, Meerenge	estrecho, apretado; íntimo (amigo); estrecho
striscia	*s. pedonali:* zebra crossing	bande; *s. pedonali:* passage clouté	Streifen	*s. pedonali:* paso de cebra
striscione	banner	banderole	Transparent, Spruchband	pancarta
stropicciarsi gli occhi	to rub one's eyes	se frotter	sich die Augen reiben	restregarse los ojos
struttura	structure	structure	Bau, Gebäude	estructura
studente	student	étudiant	Student	estudiante
studiare	to study	étudier	studieren, lernen	estudiar
studio	office; film studio	bureau	Sudio, Büro, Praxis, Kanzlei, Studium	estudio; despacho
stupendo	wonderful, terrific, gorgeous	merveilleux	herrlich	estupendo
stupido	stupid	stupide	dumm, blöd, Dummkopf	estúpido
stupore	amazement, wonder, astonishment, stupor	stupeur	Erstaunen	asombro
subito	straightaway, at once, immediately	tout de suite	sofort, gleich, sogleich, in Kürze	enseguida
succedere	to happen	arriver, se passer	geschehen, passieren	ocurrir, pasar
successo	success	succès	Erfolg	éxito
succo	juice	jus	Saft	zumo
sud	south	sud	Süden, Süd; *a s. di:* südlich von	sur
sudamericano	South American	sud-américain	südamérikanisch	sudamericano
sudato	sweaty	en sueur	verschwitzt	sudado
sugo	sauce	sauce	Soße, Tomatensoße	salsa de tomate
suo	his, her, its	son (adj.), le sien (pron.)	sein, ihr	suyo, su
suonare	to play, to ring	sonner, jouer	spielen, läuten, klingeln, Musik machen	tocar
suora	nun, sister	sœur; bonne sœur	Nonne, Schwester	monja
superare	to overcome, to pass	dépasser	überwinden, übersteigen, bestehen	superar; aprobar (un exámen)
superfluo	superfluous	superflu	überflüssig	superfluo
superiore	*scuola s.:* high school	supérieur; *scuola s.:* études secondaires	Ober…	superior
supermercato	supermarket	supermarché	Supermarkt	supermercado
supplemento	extra fare	supplément	Zuschlag	suplemento
supplicare	to implore, to beg	supplier	anflehen	suplicar
supposizione	assumption, supposition	supposition	Vermutung	suposición

ITALIANO	ENGLISH	FRANÇAIS	DEUTSCH	ESPAÑOL
svedese	Swedish	suédois	schwedisch	sueco
sveglia	alarm clock	réveil	Wecker	despertador
svegliare	to wake up	réveiller	wecken, aufwecken	despertar
svegliarsi	to wake up	se réveiller	aufwachen	despertarse
sveglio	awake	éveillé	wach	despierto
sveltire	to speed up	accélérer	beschleunigen	despabilar
sviluppo	development	développement	Entwicklung, Wachstum	desarrollo
svuotare	to empty	vider	ausleeren	vaciar
tabaccaio	tobacconist('s)	buraliste	Tabakwarenverkäufer	estanco
tabellone	indicator board	panneau	Tafel	tablón
tacchi a spillo	stiletto heels	talons aguilles	Pfennigabsätze	zapatos de tacón alto
taciturno	quiet, reserved, taciturn	taciturne	schweigsam	taciturno
taglia	size	taille	Größe	talla
tagliare	to cut, to chop	couper	schneiden	cortar
tagliarsi	*t. i capelli:* to have a haircut	se couper	sich schneiden	cortarse
tagliatelle	tagliatelle, noodle	tagliatelle	Bandnudeln	tallarines
taglio	cut	coupe	Schnitt	corte
talvolta	sometimes, at times	parfois	zuweilen	a veces
tamburo	drum	tambour	Trommel	tambor
tanto	so much, so long, as much	tant, tellement,aussi... que, temps; de toute manière; *ogni t., di t. in t.:* de temps en temps	viel, sehr, solange, sehr viel, groß, so viel, so groß, ebenso, schließlich, ohnehin; *di t. in t.:* von Zeit zu Zeit; *ogni t.:* ab und zu; *da t. tempo:* seit langem, *t. ... quanto:* so sehr ..., als	mucho; tanto; *di t. in t.,ogni t.:* de vez en cuando; *mi fa t. ridere:* me hace mucha gracia; *una volta t.:* por una vez, alguna vez; *da t. tempo:* desde hace mucho tiempo; *t. siamo abituati...:* total, estamos acostumbrados...; *t. che:* hasta el punto que
tappeto	carpet	tapis	Teppich, Fußmatte	alfombra, felpudo
tardi	late	tard	spät	tarde
tartufo	truffle	truffe	Trüffel	trufa
tasca	pocket	poche	Tasche	bolsillo
tassista	taxi-driver	chauffeur de taxi	Taxifahrer	taxista
tasto	key	touche	Taste	tecla, botón
tatuaggio	tattoo	tatouage	Tätowierung	tatuaje
tavola	dinner table	table	Tisch, Tafel	mesa
tavolo	table	table	Tisch	mesa
taxi	taxi, cab	taxi	Taxifahrer	taxi
tazza	cup, mug	tasse	Tasse	taza
tazzina	small cup, small coffee-cup	tasse à café	Tässchen, Espressotasse	taza
tè	tea	thé	schwarzer Tee	té
teatrale	theatrical	théâtral	Theater...	teatral
teatro	theatre	théâtre	Theater, Theater..., ...theater	teatro
musica tecnica	techno (music)	techno	Techno...	(música) tecno
tedesco	German	allemand	deutsch	alemán
tela	canvas	toile	Gemälde	lienzo, cuadro
telecomunicazioni	telecommunications	télécommunications	Fernmeldewesen, Telekommunikation	telecomunicaciones
telefonare	to telephone, to phone	téléphoner	telefonieren	llamar por teléfono
telefonata	(tele)phone call	coup de téléphone	Telefongespräch, Anruf	llamada (telefónica)
telefonia	telephony	téléphonie	Fernsprechtechnik	telefonía
telefonico	telephonic	téléphonique	Telefon...	telefónico
telefonino	cell-phone, mobile phone	téléphone portable	Handy	móvil
telefono	telephone	téléphone	Telefon	teléfono
telegiornale	TV news	journal télévisé	Tagesschau	telediario
telematico	telematic	télématique	telematisch	telemático
telenovela	soap opera	feuilleton télévisé, soap américain	Seifenoper	telenovela, culebrón
televisione	televison	télévision	Fernsehen	televisión
televisore	television set	téléviseur	Fernseher	televisor
tema	theme, subject, topic	racine d'un mot, sujet d'une discussion	Thema	tema
temperamatite	pencil-sharpener	taille-crayon	Bleistiftanspitzer	sacapuntas

ITALIANO	ENGLISH	FRANÇAIS	DEUTSCH	ESPAÑOL
temperatura	temperature	température	Temperatur	temperatura
tempo	time; weather	époque, temps	Wetter; Zeit; *negli ultimi t.:* in letzter Zeit; *altri t.:* vergangene Zeiten; *ai t. di:* zu den Zeiten von; *bei t.:* die gute alte Zeit	tiempo, época; *bei t.:* qué tiempos aquellos
temporale	temporal, thunderstorm	orage	Gewitter	temporal, tormenta
tenda	tent	tente	Zelt	tienda (de campaña)
tendenza	tendency	tendance	Trend	tendencia
tendina	curtain, shade, blind	rideau, store	Vorhang	cortina
tenere	to hold, to keep	tenir	halten, behalten, haben; *t. presente:* sich vor Augen halten	tener; *t. d'occhio:* vigilar; controlar; *t. presente:* tener en cuenta
tennis	tennis	tennis	Tennis; *da t.:* Tennis…	tenis
tensione	tension	tension	Spannung	tensión
tentare	to try, to tempt	tenter	versuchen	intentar
tentazione	temptation	tentation	Versuchung	tentación
Terme	baths	thermes	Thermen	termas, balneario
termico	thermal, thermic	thermique	*borsa t.:* Kühltasche	térmico
terminare	to finish	terminer	enden, beenden	terminar; *t. di piovere:* dejar de llover
termine	end	terme	Ausdruck	término
termos	Thermos	thermos	Thermosflasche	termo
terra	land; earth; country; ground	terre	Erde, Welt; Boden	tierra; suelo
terrazzo	terrace	terrasse	Terrasse	terraza
terrestre	earthling, terrestrial	terrestre	irdisch	terrestre
terribile	terrible	terrible	schrecklich, furchtbar	terrible
terzo	third	troisième	dritte	tercer(o)
tesi	thesis	thèse	Examensarbeit, Diplomarbeit, Magisterarbeit	tesis
tesserino	badge	carte	Ausweis	carné
tessuto	fabric	tissu	Gewebe, Stoff	tejido
testa	head	tête	Kopf; *in t.:* an der Spitze	cabeza
testata	newspaper	journal	Titelblatt	periódico, publicaciones
testimone	witness	témoin	Zeuge	testigo
testo	text	texte	Text	texto
tetta	tit	nichon	Titte	teta
tifo	*fare il t. per:* to cheer for, to support	*fare il t.:* être supporter de	*fare il t.:* Fan sein	afición; *fare il t. per:* ser (forofo, hincha) de
tifoso	fan, supporter	supporter	Fan, Fußballfan	hincha
timbrare	to validate	tamponner, valider	stempeln	picar (billete del tren)
timbro	stamp	cachet	Stempel	picar el billete
timido	shy	timide	schüchtern	tímido
tipico	typical	typique	typisch	típico
tipo	type	type	Typ, Art, Modell	tipo, tío
tiramisù	tiramisu, pick-me-up (sponge cake with coffee and chocolate topping served cold)	tiramisù	Tiramisu	dulce hecho con bizcocho, queso y café
tirare	to pull	tirer	ziehen, holen	*t. fuori:* sacar
tirchio	mean, tight, stingy	avare	geizig	tacaño
titolo	title	titre	Titel, Überschrift	título
toccare	to touch	toucher	anfassen, berühren	tocar
togliere	*t. la curiosità:* to satisfy one's curiosity; *t. il disturbo:* to take one's leave	enlever; *t. il disturbo:* s'en aller	*t. il disturbo:* nicht länger stören wollen	quitar; *t. il disturbo:* perdonar si molesto; *t. una curiosità:* sacar de dudas
togliersi	to take off stg	ôter	ausziehen, abnehmen	quitarse
tollerante	tolerant	tolérant	tolerant	tolerante
tollerare	to tolerate	tolérer	tolerieren	tolerar
tomba	tomb, grave	tombe	Grab	tumba
tombola	bingo	loto, tombola	eine Art Lottospiel	bingo
tonnato	tuna sauce	recouvert de sauce de thon	*vitello t.:* Kalbfleisch in Thunfischsoße	con sabor a atún
tonno	tuna	thon	Thunfisch	atún, bonito
tono	tone	ton	Ton, Stil	tono
topo	mouse	souris	Maus	rata

ITALIANO	ENGLISH	FRANÇAIS	DEUTSCH	ESPAÑOL
tornare	to go/come back, to return	retourner	zurückkommen, wiederkommen, zurückkehren, wiederkehren, wieder werden	volver, regresar
torre	tower	tour	Turm	torre
torrido	torrid	torride	*caldo t.:* Bruthitze	tórrido
torta	cake	gâteau, tarte	Torte	tarta
tortellino	tortellino (small square of pasta filled with meat or ham, cheese, etc, rolled and shaped into a ring)	tortellino, pâtes farcies	facierter Nudelteigring	pasta rellena de carne
totale	total	total	völlig	total
totalizzare	to total, to totalize	totaliser	insgesamt erreichen	totalizar, conseguir
tovaglia	table-cloth	nappe	Tischtuch	mantel
tovagliolo	napkin	serviette	Serviette	servilleta
tradizionale	traditional	traditionnel	traditionell	tradicional
tradizione	tradition	tradition	Tradition	tradición
tradurre	to translate	traduire	übersetzen	traducir
traffico	traffic	circulation	Verkehr	tráfico
tragedia	tragedy	tragédie	Tragödie	tragedia
traghetto	ferry-boat	ferry	Fähre	ferry
tragitto	trip, journey, crossing	trajet	Strecke	recorrido
tram	tram	tram	Straßenbahn	tranvía
trama	plot	intrigue	Handlung	trama
tramontare	to go down, to set	se coucher	untergehen	atardecer
tranne	except, save for, but	excepté	außer	salvo, excepto
tranquillamente	peacefully	tranquillement	gelassen	tranquilamente
tranquillo	peaceful, quiet, calm, tranquil	tranquille	unbesorgt	tranquilo
transgenico	transgenic	transgénique	genmanipuliert	transgénico
trasformare	to transform	transformer	verwandeln, umwandeln, verändern	transformar
trasgressione	transgression	transgression	Übertetung, Transgression	transgresión
traslocare	to move, to move house	déménager	umziehen	mudarse, trasladarse
trasparente	transparent, see-through	transparent	durchsichtig, transparent	transparente
trasportare	to transport, to carry, to convey, to move	transporter	befördern, transportieren	transportar
trasporto	transport	transport	Verkehr; trasporti: öffentliche Verkehrsmittel	transporte
trattare	to treat, to deal with, to cover, to concern	traiter	behandeln	tratar; *di che si t.?:* ¿de qué va?, ¿de qué se trata?
trattarsi	to be a matter/question/case of	s'agir; *si tratta:* il s'agit	sich handeln	tratarse
tratto	*t. di strada:* part of the way	trait; *t. di strada:* un bout de chemin	Strecke	tramo
trattore	tractor	tracteur	Traktor	tractor
treno	train	train	Zug	tren
trentesimo	thirtieth	trentième	dreißigste	trigésimo
tricolore	tricolour	tricolore	dreifarbig	tricolor
triste	sad	triste	traurig, trostlos	triste
tritato	crushed	haché	zerkleinert	picado
tropicale	tropical	tropical	tropisch	tropical
troppo	too much	trop	zu viel, zu sehr, zu, viel zu	demasiado
trovare	to find	trouver	finden, herausfinden, vorfinden, antreffen; *andare a t. qcu.:* jdm. besuchen gehen	encontrar, visitar
trovarsi	to be	se trouver	sich befinden	encontrarse
truccarsi	to make (oneself) up	se maquiller	sich schminken	maquillarse
turismo	tourism	tourisme	Tourismus	turismo
turista	tourist	touriste	Tourist	turista
turistico	touristic(al)	touristique	Reise…, touristisch	turístico
turno	turn; *a t.:* in turn	tour	*a t.:* der Reihe nach, abwechselnd; *aspettare il proprio t.:* warten, bis man an der Reihe ist	turno

ITALIANO	ENGLISH	FRANÇAIS	DEUTSCH	ESPAÑOL
tuta	track/training suit	survêtement	Trainingsanzug	chándal
tutti	everybody	tous, tout le monde	alle	todos, todo el mundo
tutto	all	tout	ganz, alles, gesamt, jeder; *a t. volume:* in voller Lautstärke; *prima di t.:* vor allem; *avere t. il tempo:* genug Zeit haben	todo; *prima di t.:* antes que nada
tutto sommato	all in all, by and large	tout compte fait	im Großen und Ganzen	después de todo, en el fondo
TV	TV	télé	Fernsehen, Fernseher	tele
ubriaco	drunk	ivre	betrunken	borracho
uccello	bird	oiseau	Vogel	pájaro
uccidere	to kill	tuer	töten, erschlagen	matar
uffa	ouf, phooey, oof	m'enfin!; la barbe!	uff	¡qué rollo!
ufficio	office	bureau	Büro, amt	oficina
uguale	equal, same	égal	gleich, derselbe	igual
ultimamente	lately	dernièrement	in letzter Zeit	últimamente
ultimo	last, recent, latest, last, latest	dernier; dernier	letzt, neuest, jüngst; Letzte	último; último
umanità	humanity, human nature	humanité	Menschheit	humanidad
umano	human	humain	menschlich	humano
umido	damp, humid	humide	feucht	húmedo
umore	mood	humeur	Laune, Stimmung	humor
undicesimo	eleventh	onzième	elfte	undécimo
unghia	nail, fingernail	ongle	Nagel, Fingernagel	uña
unico	unique, only	unique	einzig, einzigartig	único
unire	to join	unir	zusammengeben	unir, añadir
università	university	université	Universität	universidad
universitario	university (attr.)	universitaire	Universitäts…, Hochschul…	universitario
uomo	man	homme	Mann, Mensch	hombre
uovo	egg	œuf	Ei	huevo
urgente	urgent	urgent	dringend	urgente
usare	to use	employer	benutzen, gebrauchen	usar, utilizar
uscire	to go out	sortir	hinausgehen, herauskommen, ausgehen	salir
uscita	exit, way out	sortie	Ausgang	salida
uso	use, usage, employment	usage	Gebrauch, Verwendung, Anwendung	uso
utente	user, consumer, subscriber	usager, abonné	Benutzer	usuario
utile	useful	utile	nützlich	útil
utilizzare	to use, to utilize, to employ	utiliser	benutzen, verwenden	utilizar
utopia	utopia, pipe dream	utopie	Utopie	utopía
uva	grapes	raisin	Weintrauben	uva
vacanza	holiday	vacances	Urlaub, Ferien	vacaciones
vagone	carriage	wagon	Wagen, Waggon	vagón
valere	to count, to matter	valoir	gültig sein, gelten	valer
valido	correct	valide	gültig	válido
valigetta	briefcase	mallette	Aktenkoffer	maletín
valigia	suitcase	valise	Koffer	maleta
valore	value, meaning	valeur	Wert	valor
vapore	steam	vapeur	Dampf	vapor
variare	to vary, to change	varier	ändern	variar
vario	various, several	varié	verschieden, verschiedenerlei, verschiedenartig, abwechslungsreif	variado
vaso	vase	vase, pot	Vase	jarrón, tiesto
vassoio	tray	plateau	Tablett	bandeja
vecchio	old	vieux	alt, betagt, einstig	viejo
vedere	to see	voir	sehen, nachschauen, anschauen, treffen; *fare v.:* zeigen; *non v. l'ora:* es nicht abwarten können	ver; mirar; *far v.:* enseñar; *vuoi v. che…:* cuánto apuestas a que…, quieres ver tú que…
vegetazione	vegetation	végétation	Vegetation	vegetación
veloce	fast, quick, swift	rapide	schnell	rápido

ITALIANO	ENGLISH	FRANÇAIS	DEUTSCH	ESPAÑOL
velocemente	fast, quickly, swiftly	rapidement	schnell, rasch	rápidamente
velocità	speed, velocity	vitesse	Geschwinigkeit	velocidad
vendere	to sell	vendre	verkaufen	vender
venditore	seller	vendeur	Verkäufer, Händler	vendedor
venerdì	Friday	vendredi	Freitag	viernes
venire	to come	venir	kommen, werden, stammen, kommen (aus)	venir, ir, criar; *v. nominate:* se citan; *v. in mente:* ocurrírsele
ventesimo	twentieth	vingtième	zwanzigste	vigésimo
ventilatore	cooling fan	ventilateur	Ventilator	ventilador
vento	wind	vent	Wind	viento
veramente	truly, really, actually, to tell the truth, to be frank	vraiment	wirklich, tatsächlich, wahrhaftig	realmente; sinceramente
verde	green	vert	grün	verde
verdura	vegetable	légumes	Gemüse	verdura
vergognarsi	to feel embarassed/ashamed	avoir honte	sich schämen	avergonzarse
verificare	to check, to control	vérifier	überprüfen, kontrollieren	comprobar, averiguar
verità	truth	vérité	Wahrheit	verdad
versione	version	version	Version	versión
verso	towards, near, around/(at) about	vers	gegen, auf, in Richtung, nach	alrededor de (tiempo); hacia (lugar)
verticali	down	verticalement	senkrecht	verticales
vespa	wasp; Vespa (scooter)	guêpe; vespa (scooter)	Wespe; Vespa	avispa; vespa
vestire	to dress	habiller	kleiden, anziehen	vestir
vestirsi	to get dressed	s'habiller	sich anziehen, sich kleiden	vestirse
vestito	dress, suit	robe, vêtement	Kleid, Anzug	traje, vestido; *vestiti:* ropa
vetrina	shop window	vitrine	Schaufenster	escaparate
vetro	glass	verre	Glas	vidrio; *caffè al v.:* en vaso de cristal
via	way, road, street	rue; voie; *andare v.:* s'en aller; *correre v.:* se sauver; *portar v.:* emporter	Straße	calle; *correre v.:* irse corriendo; *andare v.:* irse; *mettere v.:* guardar; *andare v. mare:* ir por mar; *portare v.:* llevar(se); *e poi v., in vacanza:* y luego ¡ya! de vacaciones
viadotto	road bridge, viaduct	viaduc	Überführung	viaducto
viaggiare	to travel	voyager	reisen	viajar
viaggiatore	traveller, passenger	voyageur	Reisende, Fahrgast	viajero
viaggio	travel, journey	voyage	Reise	viaje
viale	avenue, boulevard	avenue, boulevard	Allee	avenida
viavai	comings and goings, toing and froing	va-et-vient	Kommen und Gehen, Treiben	ir y venir, trasiego
viceversa	vice versa, contrariwise	vice versa	umgekehrt	viceversa
vicino	close, next; *v. di casa:* neighbour; *v. di banco:* deskmate	près; voisin	nah, in der Nähe, neben, daneben, nebeneinander; Nachbar	cerca vecino, compañero
vicolo	lane	ruelle	Gasse	callejón
video	video	vidéo	Video, Video…	vídeo
vietare	to forbid	interdire	verbieten	prohibir
vigile	traffic warden	agent, îlotier	Verkehrspolizist	policía municipal
vignetta	cartoon	dessin	Abbildung	viñeta
villa	villa	villa	Villa, Park	chalet, palacete, jardines con palacio señorial
villaggio	village	village	Dorf, Siedlung	poblado
vincere	to win	gagner, vaincre	gewinnen	ganar
vino	wine	vin	Wein	vino
viola	purple	violet	violett	violeta
violenza	violence	violence	Gewalt	violencia
violino	violin	violon	Geige	violín
virilità	virility, masculinity	virilité	Männlichkeit	virilidad
virus	virus	virus	Virus	virus
visita	visit	visite	*v. guidata:* Führung	visita
visitare	to visit	visiter	besuchen	visitar

ITALIANO	ENGLISH	FRANÇAIS	DEUTSCH	ESPAÑOL
viso	face	visage	Gesicht	cara
vista	sight, view	vue	Ausblick, Blick	vista
vita	life	vie	Leben	vida
vitamina	vitamin	vitamine	Vitamin	vitamina
vitello	calf, veal	veau	Kalb	ternera
vittima	victim	victime	Opfer	víctima
vivace	lively, vital, vivacious	vif	lebhaft, rege	vivaz
vivacità	liveliness, vitality, vivacity	vivacité	Lebhaftigkeit	vivacidad
vivente	living, alive	vivant	lebendig	viviente
vivere	to live	vivre	leben, wohnen	vivir
vivo	lively, vital, vivacious	vif, vivant	lebendig	vital
vocale	vowel	voyelle	Selbstlaut	vocal
voce	voice	voix	Stimme, Gerücht; *ad alta v., a v. alta:* laut, mit lauter Stimme	voz
voglia	wish, desire, craving	envie	*avere v. di:* Lust haben auf	ganas
volare	to fly	voler	fliegen	volar
volentieri	gladly, with pleasure	volontiers	gern	con gusto, por supuesto
volere	to want, to wish, to like	vouloir; *v. bene a qualcuno:* aimer qn	wollen, mögen, wünschen; *v. bene a qcu.:* jdn. gern oder lieb haben	querer
volgare	vulgar	vulgaire	vulgär	vulgar
volgarità	vulgarity	vulgarité	Gemeinheit	vulgaridad
volontario	voluntary	volontaire	Freiwillige	voluntario
volpe	fox	renard	Fuchs	zorro
volta	time	fois; *una v. tanto:* pour une fois	Mal; *qualche v.:* manchmal; *una v.:* früher, einmal	vez; antes; *una v. tanto:* alguna vez; *ancora una v.:* una vez más; *c'era una v.:* érase una vez
volto	face	visage	Gesicht	rostro
volume	volume	volume	Lautstärke	volumen
vongola	clam	coque, palourde	Venusmuschel	almeja, berberecho
vostro	yours	votre (adj.), le vôtre (pron.)	euer	vuestro
vulcano	volcano	volcan	Vulkan	volcán
vuoto	empty	vide	leer	vacío
walkman	personal stereo	walkman	Walkman	walkman, cascos
windsurf	windsurfing	windsurf	*fare w.:* windsurfen	windsurf, tabla de vela
yogurt	yoghurt	yaourt, yogourt	Joghurt	yogur
zafferano	saffron	safran	Safran	azafrán
zaino	backpack, rucksack	sac au dos	Rucksack	mochila
zampone	pig's trotter stuffed with salted and flavoured minced meat	pied de porc farci	Schweinshaxe, gefüllter Schweinefuß	mano y pata de cerdo rellena
zanzara	mosquito	moustique	Mücke	mosquito
zeppa	wedge	semelle compensée	Plateausohle	cuña, arreglo
zio	uncle	oncle	Onkel	tío
zitto	silent, quiet	silencieux; *stai z.:* tais-toi	still	*stai z.:* cállate ,callado
zodiaco	zodiac	zodiaque	Tierkreis	zodiaco
zona	zone, area	zone, région	Zone, Gegend	zona
zoppicare	to walk with a limp	boiter	hinken, humpeln	cojear
zoppo	crippled	boiteux	hinkend	cojo
zuccherato	sugared	sucré	gezuckert	azucarado
zucchero	sugar	sucre	Zucker	azúcar

un giorno in italia

1

chiavi degli esercizi
e delle attività

Prima di tutto

1   1. Venezia; 2. Milano; 3. Firenze; 4. Roma; 5. Bologna; 6. Napoli.

2   2ª registrazione: italiano. (1ª registrazione: dialetto milanese; 3ª registrazione: dialetto calabrese).

6   *vedi trascrizione sul Libro dello studente*

7   Bologna; Milano; Roma; Palermo; Firenze; Venezia; Napoli.

8   *vedi trascrizione sul Libro dello studente*

9   Agrigento; Arezzo; Bari; Belluno; Bologna; Catania; Catanzaro; Como; Cosenza; Cremona; Cuneo; Foggia; Forlì; Imperia; Padova; Pavia; Potenza; Ravenna; Reggio Calabria; Rovigo; Siena; Trapani; Udine; Verona; Vigevano.

Episodio 1

1   *vedi illustrazione in fondo alla pagina*

2   1. Eurostar; 2. 3; 4. Palermo; 5. Bologna; Firenze; Roma; Napoli; Reggio Calabria; 5. c'è il ristorante.

3

sostantivi maschili	sostantivi femminili
treno	porte
binario	signora
bambini	suore
anziani	famiglia
sportivo	coppia
ragazzo	tuta
cellulare	modella
gruppo	valigetta
tifosi	turiste
uomo	ragazza
affari	ragazze
africano	
capelli	
capelli	
zaino	

4   1. una; 2. una; 3. un; 4. un; 5. una; 6. un; 7. una; 8. una; 9. un; 10. un; 11. uno; 12. un; 13. uno; 14. una; 15. un; 16. un; 17. un; 18. una; 19. una; 20. un; 21. uno.

5   1. falso; 2. falso; 3. in ritardo; 4. vero; 5. falso.

8

(io)	sono	(noi)	siamo
(tu)	sei	(voi)	siete
(lui/lei)	è	(loro)	sono

9   1. dov'è; 2. chi è; 3. dov'è; 4. chi è; 5. dov'è; 6. chi è; 7. dov'è; 8. dov'è.

10   è; sono; sono; è; è; siete; siamo.

11   **maschile singolare:** viaggiatore; paese; cuore, motorino; mattino; naso; giorno; tempo; posto.
maschile plurale: *uomini; piedi; saluti.*
femminile singolare: sera; trombetta; strada.
femminile plurale: rotelle; bretelle; parole.

Episodio 2

1   1. falso; 2. vero; 3. vero; 4. vero; 5. falso; 6. falso; 7. vero.

2   dorme; sogna; parla; prende; corre.
-**are:** sognare; parlare
-**ere:** prendere; correre
-**ire:** dormire.

3A   Caterina; Milena; Piero.

3B   1. vero; 2. vero; 3. vero; 4. falso; 5. vero; 6. vero; 7. falso; 8. vero.

4   *vedi trascrizione sul Libro dello studente*

5   1. no; 2. no; non; 3. no; non; 4. no; non; 5. no; 6. no.

6   1. a) Ciao, come stai?
      b) Bene, grazie e tu?

      2. a) Buongiorno, come sta?
      b) Bene, grazie! E lei?
      a) Non c'è male!

      3. a) Buonasera, sono Angela Marchi.
      b) Buonasera, prego si accomodi.

      4. a) Buonanotte a tutti!
      b) Buonanotte!

      5. a) Ciao, buon viaggio!
      b) Ciao, a presto!

bar | biglietterie | pubblicità | scale mobili

giornali | telefoni | valigie | macchinette automatiche

7A   1. falso; 2. falso; 3. vero; 4. vero.

7B

	Giovanni	Domenico
1.	X	
2.	X	
3.	X	
4.		X
5.		X
6.	X	
7.		X

11   **io ho fame**; sono stanco/a; ho paura; ho sete; sono triste; sono felice.
tu hai fame; **sei stanco/a**; hai paura; hai sete; sei triste; sei felice.
lui/lei ha fame; è stanco/a; **ha paura**; ha sete; è triste; è felice.
noi abbiamo fame; siamo stanchi/e; abbiamo paura; **abbiamo sete**; siamo tristi; siamo felici.
voi avete fame; sieti stanchi/e; avete paura; avete sete; **siete tristi**; siete felici.
loro hanno fame; sono stanchi/e; hanno paura; hanno sete; sono tristi; **sono felici**.

12   **lei**
Sono felice perché oggi è il mio compleanno.
Sono stanca perché lavoro troppo.
Sono annoiata perché sono sempre al computer.
Sono preoccupata perché Franco non telefona.
Sono sudata perché fa caldo.

lui
Sono felice perché vado in Sicilia.
Sono preoccupato perché è tardi.
Sono triste perché devo andare a lavorare.
Sono stanco perché dormo poco.
Sono sudato perché fa caldo.

13   2. sonno; 3. caldo; 4. sete; 5. fretta; paura; 6. contento; 7. annoiato; 8. felice; 9. triste; 10. arrabbiato.

14   1. ha; 2. ho; 3. ha; 4. sono; 5. avete; 6. sono; ho; 7. ho; 8. è; 9. sono; 10. siete; 11. è; 12. abbiamo; 13. sono; 14. ha; 15. avete; 16. è; 17. sono; 18. ha; 19. ha; 20. è.

15   1. Scusa, hai una sigaretta?; 2. Avete voglia di una birra?; 3. Hai tempo per un caffè?; 4. È tardi ma non ho sonno; 5. Hai ragione tu: la scuola è qui; 6. Marco e Alberto sono fratelli; 7. Al mattino sono sempre stanca; 8. La madre di Piero è affettuosa; 9. Milano è una bella città; 10. Piero, il caffè è pronto!

Episodio 3

1A   La prima immagine (Piero in vespa)

1B   Corso di Porta Ticinese; Via Torino; Piazza Duomo; Via Manzoni; Via Turati o Via Manin; Piazza della Repubblica; Via Pisani.

1C   1. falso; 2. produttiva; creativa; attiva; elegante; 3. vero; 4. vero; 5. vero; 6. vero; 7. falso.

2   **rosso -a -i -e:** vecchie; bella; viva; attiva; ricca; discreta; produttiva; creativa; bella; ricchi; belle; belle.
verde -i: ticinese; popolari; grandi; attuale; elegante; eleganti.

3   bella; ricchi; belle; belle; eleganti.

5   1. giovane; 2. fresca; 3. libero; 4. grassa; 5. povero; 6. elegante; 7. piccolo; 8. intelligente; 9. intelligente; 10. noioso; 11. italiano; 12. inglese; 13. simpatica.

9   vecchio; napoletano; milanese; settentrionale; bruno; biondo; chiacchierone; goloso; egoista; taciturno; magra; grasso.

10   Voi siete tristi. Noi invece siamo stanchi.
Tu hai tempo. Io invece ho poco tempo.
Tu vai in macchina. Io invece vado a piedi.
Lei va al cinema. Lui invece resta a casa.
Lei è italiana. Lui invece è danese.

Voi leggete molto. Io invece non leggo mai.
Tu bevi il caffè. Io invece prendo il tè.

13

14A   46 euro.

14B   1. vero; 2. è arrivata in ritardo; 3. falso; 4. falso; 5. tollerante.

15   1. andiamo; 2. vado; 3. vanno; 4. va; 5. vai.

17A   Scusi, dove si comprano i biglietti per la metro?

17B   Al bar, dal tabaccaio e alla metro.

18   1. strappare; 2. mostrare: 3. comprare; 4. conservare; 5. buttare; 6. timbrare.

19   biglietto; biglietti; classe; supplemento; caro; fermate; stazione, valigie; binario; tabellone; partenza; binario; partenza; binario; timbrare; posto.

Episodio 4

1   *vedi illustrazione in fondo alla pagina seguente:*
1. due persone che parlano di politica; 2. un gruppo di tifosi che gridano slogan; 3. un tipo che guarda le gambe di una bella ragazza; 4. una donna che legge il *Corriere della Sera*; 5. un bambino che beve un succo di frutta; 6. un ragazzo che ascolta Jovanotti a tutto volume; 7. due signore stanche e sudate che cercano un posto; 8. una turista americana che porta uno zaino pesante; 9. una donna che parla al cellulare; 10. un ragazzo africano che dorme; 11. un uomo d'affari che apre una valigetta; 12. una donna che offre caffè da un termos a tutti; 13. dei militari che scherzano e ridono; 14. un carabiniere in piedi che guarda chi passa; 15. un prete che scrive al computer; 16. uno studente che prepara un esame.

2B   un uomo d'affari che apre una valigetta; un prete che scrive al computer; due militari che scherzano e ridono; una turista americana che porta uno zaino pesante; un gruppo di tifosi che gridano slogan; una donna che legge il *Corriere della Sera*; un ragazzo africano che dorme; un carabiniere in piedi che guarda chi passa; una ragazza che parla al cellulare.

3

sono	essere	
si mette	mettersi	(2ª coniugazione)
attraversa	attraversare	(1ª coniugazione)
osserva	osservare	(1ª coniugazione)
parlano	parlare	(1ª coniugazione)
gridano	gridare	(1ª coniugazione)
guarda	guardare	(1ª coniugazione)
legge	leggere	(2ª coniugazione)

beve	bere	(2ª coniugazione)
ascolta	ascoltare	(1ª coniugazione)
cercano	cercare	(1ª coniugazione)
porta	portare	(1ª coniugazione)
parla	parlare	(1ª coniugazione)
dorme	dormire	(3ª coniugazione)
apre	aprire	(3ª coniugazione)
offre	offrire	(3ª coniugazione)
scherzano	scherzare	(1ª coniugazione)
ridono	ridere	(2ª coniugazione)
guarda	guardare	(1ª coniugazione)
passa	passare	(1ª coniugazione)
scrive	scrivere	(2ª coniugazione)
prepara	preparare	(1ª coniugazione)
guarda	guardare	(1ª coniugazione)
ascolta	ascoltare	(1ª coniugazione)
dicono	dire	(3ª coniugazione)
nota	notare	(1ª coniugazione)
scrive	scrivere	(2ª coniugazione)
porta	portare	(1ª coniugazione)

Facciamo grammatica beve (bere); dicono (dire).

9 1. ma no!; 2. no, no… no!; 3. no… proprio no! 4. niente da fare!

10 1. ci sono; 2. ci sono; 3. c'è; 4. ci sono; 5. c'è; 6. ci sono; 7. ci sono; 8. c'è; 9. c'è; ci sono; 10. c'è.

12A 1. Messina; Milano; Sicilia.

2. Il dialogo corrisponde alla seconda scena (signora seduta e signore che mette su la valigia).

12B 1. vero; 2. falso; 3. vero; 4. falso; 5. vero; 6. vero; 7. vero; 8. vero.

15 1. Questa sera vado al cinema con Mario. 2. Sulla metro ci sono molte persone. 3. Oggi il Milan gioca contro la Lazio. 4. Da quale binario parte il treno per Palermo? 5. Questo libro sembra molto interessante. 6. Qui ci sono due posti liberi. 7. Ragazzi, adesso ascoltate questa conversazione. 8. In Italia a luglio fa molto caldo. 9. Facciamo un giro in treno attraverso l'Italia. 10. Posso aprire un po' il finestrino?

16 1. parliamo; ascoltiamo; leggiamo; 2. comprano; 3. mangiate; 4. prendiamo; 5. guardi; 6. arriva; 7. viaggiate; 8. preparo; lavi; 9. leggi; 10. abitate; abitiamo.

17 viaggia; bada; fotografa; ha; compra; va; cerca; è; torna; beve; riconosce; è; ha; mangiano; passeggiano; pagano.

18 *vedi testo a pag. 53 del Libro dello studente*

Episodio 5

1 1. vero; 2. vero; 3. vero; 4. falso; 5. falso; 6. vero; 7. vero.

2 **maschile singolare:** il; il; il; il; lo; l'; il; il.
maschile plurale: i; gli; i.
femminile singolare: la; l'; la; la; la.
femminile plurale: le; le; le; le.

3 tortellini; zamponi; insalata; aceto balsamico; aceto; mosto cotto; mosto concentrato; aceto di vino; carni rosse; arrosti; frittate; verdure crude e cotte.

4 gli; le; la; le; la; i; i; le; le; l'; il; il; le; le.

5 *possibili soluzioni:*

lo	sport	nazionale
il	treno	affollato
i	negozi	eleganti
lo	zaino	pesante
l'	amico	giapponese
la	macchina	veloce
gli	spaghetti	scotti
la	pianura	padana
l'	acqua	minerale
la	caffetteria	italiana
gli	amici	milanesi
la	bottiglia	vuota
gli	uomini	italiani
la	città	inquinata
i	turisti	americani
le	scarpe	italiane
il	libro	interessante

6 1. vero; 2. falso; 3. vero; 4. vero; 5. vero; 6. vero.

Episodio 6

1A caffè (1° disegno); acqua minerale (4° disegno).

1B 1. falso; 2. falso; 3. vero; 4. vero; 5. falso; 6. falso.

2 *vedi trascrizione sul Libro dello studente*

7
cappuccino:	caffè con latte e schiuma
latte macchiato:	molto latte con poco caffè
caffè macchiato:	caffè espresso con un goccio di latte
caffè lungo:	caffè espresso in tazzina, più leggero
caffè corretto:	caffè espresso con un goccio di alcool
caffè Hag:	caffè decaffeinato, in tazzina
caffè ristretto:	caffè espresso in tazzina, più forte

8 il caffè; un caffè; i caffè.

11 1. finisco; 2. capite; 3. capiscono; 4. capisco; 5. preferiscono; 6. preferiscono; preferisco; 7. pulisce; 8. puliscono.

12 1. vero; 2. vero; 3. bere un bicchiere d'acqua; fumare una sigaretta; 4. bere del liquore dopo il caffè; 5. discreto; 6. vero; 7. "Le faccio un buon caffè?"

13 1. dice; 2. bevete; 3. usciamo; escono; 4. vengono; 5. stai; sta; 6. dai.

Episodio 7

1A Bologna; Firenze; Venezia; Napoli; Roma.

1B 1. falso; 2. vero; 3. vero; 4. falso; 5. lavoro; 6. un gruppo di turisti; 7. vero.

2 operatrice turistica; lavoro; Napoli; cellulare; telefonino; telefonata; gruppo; turisti; giro; città.

3

per rispondere al telefono	Pronto!
per chiedere di parlare con qualcuno	C'è… (Carla)? Vorrei parlare con…
per sapere chi ha telefonato	Chi è? / Chi parla? Chi lo/la desidera?
per chiedere di aspettare per favore	(Attenda) un attimo,
per confermare chi sono se qualcuno vuole parlare con me	Sono io
per presentarsi al telefono	Sono… (Marco Testa)
per dire che telefono di nuovo	Ti/La richiamo

4
A.: Pronto! C'è Francesco?
B.: No, non c'è! Chi parla?
A.: Sono Marina, una sua amica.
B.: Richiama verso le otto, sicuramente lo trovi.
A.: Grazie, buonasera.
B.: Buonasera.

A.: Pronto!
B.: Pronto! Buongiorno, vorrei parlare con la signora Marchi, per favore.
A.: Chi la desidera?
B.: Sono Claudio Gori.
A.: Attenda un attimo.

6 Lucia e Alessandro stanno parlando del telefono cellulare.

10 1. devono; 2. deve; 3. devo; 4. dobbiamo; 5. devi; 6. dovete; 7. dovete; 8. devo; 9. deve; 10. devo.

11 1. falso; 2. vero; 3. falso; 4. vero; 5. falso; 6. vero; 7. vero; 8. falso; 9. una marca di gelati; 10. falso; 11. vero.

12 l'architetto progetta o arreda case
l'insegnante spiega la lezione agli studenti
il fotografo fa fotografie
l'idraulico ripara i rubinetti
il muratore costruisce case
il medico cura i malati
il giornalista scrive articoli
l'impiegato lavora in ufficio
il tassista guida il taxi
il controllore controlla i biglietti

16

duemila	2.000
due	2
novecento	900
novanta	90
trenta milioni	30.000.000
quindicimila	15.000
mezzo milione	500.000
due	2

17 *vedi testo a pag. 82 del Libro dello studente*

Episodio 8

1 1. falso; 2. vero; 3. l'università; i tortellini; 4. falso; 5. vero; 6. falso.

2

si scende	scendere
si sente	sentire
si dice	dire
si passeggia	passeggiare

3 grassa; ricca; dotta; accogliente; rilassante; rilassata.

negozi	**prodotti**
gioiellerie	salami
pescherie	provole
negozi di formaggi	formaggi
negozi di frutta e verdura	verdure

5A La macchinetta per timbrare i biglietti (1° disegno).

5B 1. biglietti, prego; 2. non ha timbrato il biglietto; 3. vero; 4. falso; 5. falso; 6. falso; 7. falso; 8. vero.

6 *vedi trascrizione sul Libro dello studente*

7 1. si deve; 2. non basta; si deve; 3. si deve; 4. non basta; si deve; 5. non basta; si deve; 6. si deve; 7. si deve; 8. si deve; 9. si deve; 10. non basta; si deve.

Episodio 9

1A vacanze; esami; sport.

1B 1. vero; 2. vero; 3. falso; 4. vero; 5. 78 chili; 6. falso; 7. vero; 8. vero; 9. vero.

2

Sport	**Studi**
veniamo all'incontro	non sono pronto
niente gara	siete sotto stress da esame
il problema è il peso	prendete 29 o 30
	finiti gli esami?

3 1. pronto; 2. prende; 3. gare; 4. vince; 5. sotto; esame.

4

a proposito	collegare quello che sto per dire a qualcosa appena detto
perché, quanto pesi?	esprimere sorpresa per qualcosa che è stato detto e chiedere precisazioni su qualcosa
ma dai, non…	incoraggiare, esortare qualcuno
non dire che non…	esprimere sorpresa ed escludere l'idea diversa dell'altro
senti, vediamo, intanto	rimandare una discussione per prendere una decisione

5 1. a proposito; 2. perché; 3. ma dai; 4. non mi dire che non…; 5. senti, vediamo, intanto…

6 1. vuole; può; 2. vuole; 3. vogliono; 4. posso; vuoi; 5. potete; volete; 6. possono; vogliono; può; voglio.

8A 1. vero; 2. falso; 3. vero; 4. vero; 5. falso; 6. vero; 7. vero; 8. falso.

8B 1. a; 2. a; 3. a; 4. a; 5. a.

9 *vedi trascrizione sul Libro dello studente*
preposizioni di luogo: nel giornale; **in** salotto; **sul** divano; **in** camera; **sul** letto; **in** bagno; **dentro** la busta; **in** cucina; **sotto** il lavandino.

	il	lo	la	l'	i	gli	le
a	al	allo	alla	all'	ai	agli	alle
in	nel	nello	nella	nell'	nei	negli	nelle
su	sul	sullo	sulla	sull'	sui	sugli	sulle

13 a; in; in; in; nei; negli; su; in; in/nella; in; nella; in; sul; in; nel; nelle; in; al.

14 1. in; al; 2. al; in; 3. in; al; in; 4. al; al; in; 5. in; 6. in; in; al.

16 **1ª piantina:** soggiorno; pranzo; cucina; bagno; camere; cabina armadio; salone.

2ª piantina: quadrata; appartamento; ingresso; angolo cottura; zona pranzo; zona conversazione; bagno; camera; armadi.

Episodio 10

1A 1. falso; 2. falso; 3. vero; 4. vero; 5. falso; 6. vero; 7. vero; 8. falso.

1C   taglio corto; unghie ben curate; smalto trasparente; aria delicata; custodia blu; pantaloni sportivi; maglietta attillata; ragazzo moro e abbronzato; orologio grosso; appunti universitari.

2   **Con che cosa?** con un vestito leggero; anello con diamante e fedina; con smalto trasparente; con curiosità; con custodia blu; con un borsone, pantaloni sportivi e maglietta attillata; con un grosso orologio di metallo; con delle foto; con il telefonino.
Come? In che modo? con la coda dell'occhio.

5   a; di; con; di; di; di; di; alla.

7   lo tocca spesso *(il pronome maschile singolare lo si riferisce al cellulare)*
li sistema *(il pronome maschile plurale li si riferisce a: una lattina di tè freddo, un pacchettto di sigarette ed un accendino)*
la guarda *(il pronome femminile singolare la si riferisce alla ragazza)*
le guarda *(il pronome femminile plurale le si riferisce alle foto)*
lo apre *(il pronome maschile singolare lo si riferisce al libro)*
lo imita *(il pronome maschile singolare lo si riferisce al ragazzo)*
li appoggia *(il pronome maschile plurale li si riferisce a: fotocopie e appunti universitari, un libro e una matita sottile)*

8   1. lo; 2. la; 3. la; 4. li; 5. lo; 6. le; 7. la; 8. lo; 9. la; 10. li.

9   1. la; 2. lo; 3. li; 4. lo; 5. le; 6. li; 7. lo; 8. li; 9. lo; 10. le.

10

città nominate	riferite
Milano	a lei
Firenze	a lei
Modena	a lui
Caserta	a lui

11   *vedi trascrizione sul Libro dello studente*

12   purtroppo; mi dispiace; purtroppo; beata te; mi dispiace.

13   1. A che anno stai? 2. Che anno frequenti? 3. Quanti esami ti mancano? 4. A quale facoltà sei iscritto? 5. Quanti esami hai fatto? 6. Quando ti laurei? 7. Qual è l'argomento della tua tesi?

14   1. falso; 2. vero; 3. vero; 4. vero; 5. falso; 6. vero; 7. vero; 8. vero.

15   **negozi:** pizzeria; birreria; edicola; supermercato; parrucchiere.
nomi di persona: Angelo Giansante; Alessandro; Alex; Alessandra; Monica; Tamara; Anna Maria.
capi di abbigliamento: giubbotto; jeans; scarpe con la zeppa.
centri commerciali: Le Gru; Oriocenter; Grandemilia; Grande Mela; I Gigli; Le Torri.

Episodio 11

1   1. falso; 2. falso; 3. vero; 4. vero; 5. uffa!; 6. vero.

2

Permesso?	d. vuole passare
Prego, prego	c. lascia passare
Scusi	a. si scusa
Niente	b. risponde alle scuse

4   1. vero; 2. vero; 3. falso; 4. falso; 5. falso; 6. falso; 7. falso; 8. vero; 9. vero; 10. falso.

5

si alzano	alzarsi
si alza	alzarsi
si lava	lavarsi
si siede	sedersi
si toglie	togliersi
si addormenta	addormentarsi

6   1-G: si sveglia; 2-E: si alza; 3-D: si lava; 4-H: si rade/si fa la barba; 5-C: si pettina; 6-F: si veste; 7-A: si fa la borsa/prepara la borsa; 8-B: si mette le scarpe.

9   1. mi alzo; 2. ti fai; 3. vi vestite; 4. ti prepari; 5. si trucca;

6. mi metto; 7. mi tolgo; 8. si incontrano; 9. ci conosciamo; 10. si vedono.

10   1. si ricorda/mi ricordo; 2. vi dimenticate; 3. si ferma; 4. si preoccupa; 5. si addormentano; 6. si sveglia; 7. si alzano; 8. ci sediamo.

11   1. una cartina chilometrica; 2. 300 chilometri; 3. vero; 4. falso; 5. vero.

13   *possibili soluzioni:*
1. Devo lavorare dal lunedì al venerdì dalle 8.30 alle 16.00. 2. I miei amici sono a Rimini per le vacanze dal 3 luglio al 27 luglio. 3. In Italia i bambini stanno alla scuola materna dalle 8.30 alle 16.30. 4. In estate i negozi sono aperti la mattina dalle 8.30 alle 13.00 e il pomeriggio dalle 16.30 alle 20.00. 5. Da casa mia per andare in ufficio ci metto 20 minuti in metropolitana. 6. Dalla stazione Termini di Roma all'aeroporto di Fiumicino ci sono 30 minuti di treno.

Episodio 12

1   1. pensa ad una vecchia canzone su Firenze; 2. falso; 3. vero; 4. falso; 5. falso; 6. vero; 7. vero; 8. falso.

2   a: "Accidenti, qui è pericoloso attraversare!"
b: "Peccato che non ho portato la macchina fotografica!"

4   1. falso; 2. falso; 3. falso; 4. vero; 5. falso; 6. falso; 7. falso; 8. falso; 9. vero.

5   1. non mi piace; 2. mi dispiace; 3. non mi piace; 4. mi dispiace; 5. mi dispiace; 6. mi dispiace; 7. non mi piace; 8. non mi piace; 9. mi dispiace.

6A   La prima immagine.

6B   Per Dino:
è facile trovare le strade e le piazze;
è difficile ricordare di chi sono i monumenti;
non è un problema girare a Firenze senza una mappa.

7   *vedi testo a pag. 126 del Libro dello studente*

9   1. vero; 2. falso; 3. 1334; 4. falso; 5. vero; 6. vero.

10   *vedi trascrizione sul Libro dello studente*

Facciamo grammatica

	il	lo	la	l'	i	gli	le
di	del	dello	della	dell'	dei	degli	delle

11   1. di; 2. degli; 3. dei; 4. di/del; 5. della; 6. degli; 7. di; 8. dei; 9. di/del.

12   1. della; 2. della; dello; 3. delle; del; 4. delle; 5. dei; 6. delle.

13   *vedi illustrazione sotto:*

1. facciata; 2. cupola; 3. campanile; 4. torre; 5. statua; 6. fontana; 7. rosone.

Episodio 13

1   1. falso; 2. falso; 3. vero; 4. vero.

2   *vedi trascrizione sul Libro dello studente*

3   Quant'è?; Quante ne ha prese?"; "Da quanto sono quelle lì?"

4   1. Vorrei due francobolli da 50 centesimi. 2. Vorrei una bottiglia di acqua minerale da un litro. 3. Vorrei una torta da 10 euro. 4. Vorrei un abito da cerimonia. 5. Vorrei una scatola di piselli da mezzo chilo. 6. Vorrei una lampada da tavolo.

5   *possibili soluzioni:*
1. ne bevo due; 2. ne conosco pochi; 3. ne ho molti; 4. ne bevo un litro; 5. ne leggo un po'; 6. sì, ne scrivo e ne ricevo molti; 7. no, ne faccio poche; 8. ne conosco abbastanza; 9. ne parlo tre.

7A   un convegno; una mostra; un palazzo; un giornale; un convegno.

7B   1. falso; 2. vero; 3. falso; 4. vero; 5. falso; 6. falso; 7. vero; 8. falso.

8   *vedi testo a pag. 134 del Libro dello studente*

11   *possibili soluzioni:*
1. Cosa c'è in TV stasera? 2. Cosa c'è da mangiare? 3. Cosa c'è da fare? 4. Scusi, c'è un bancomat qui vicino? 5. A che ora c'è lo spettacolo? 6. Quando c'è il concerto? 7. Cosa c'è in questo pacco? 8. Quando c'è il prossimo treno? 9. C'è nessuno? 10. Cosa c'è?

12

	fare	non fare
1.	X	
2.		X
3.		X
4.	X	
5.		X
6.	X	
7.		X
8.		X
9.	X	
10.		X
11.		X
12.		X
13.	X	

Episodio 14

2   Il testo A

3   1. Quale?   Quello …
2. Quale?   Quello …
3. Quale?   Quella …
4. Quali?   Quelli …
5. Quale?   Quella …
6. Quali?   Quelle …
7. Quali?   Quelli …
8. Quali?   Quelli …

5   1. vero; 2. vero; 3. vero; 4. stilista; 5. vero; 6. falso; 7. vero.

6   1. vero; 2. falso; 3. falso; 4. falso; 5. vero; 6. vero; 7. vero.

7   1. vero; 2. vero; 3. falso; 4. vero; 5. falso; 6. vero; 7. vero; 8. falso; 9. falso.

8   inizia la sfilata
cambia la musica
escono tanti modelli
soffia un vento leggero
scende una neve con effetti luminosi
sfilano gli stilisti

9   **A**
- Buongiorno, prego!
- Buongiorno, volevo misurare quel paio di scarpe nere con i tacchi a spillo.
- Quali, me le fa vedere in vetrina?
- Sì, ecco quelle lì dietro.
- E che numero porta?
- Il 37 a volte 37 e 1/2.
- Bene, si accomodi.

B
- Come va?
- Un po' stretta.
- Vuole provare il 38?
- Va bene, provo.
- Sì, questa va bene... ma il tacco mi sembra un po' alto, non ci cammino bene.

C
- Forse provo quelle vicino con il tacco un po' più basso.
- Quelle, mi dispiace ma non abbiamo il numero.
- Uffa, sempre così… con i saldi non trovo mai il numero o il modello.
- Eh, signorina, lei deve arrivare prima, abbiamo saldi da due settimane ormai.
- Eh lo so, va bene, grazie lo stesso.
- Prego, arrivederci.

12   1. moda; 2. futuro; 3. i vestiti.

14   abiti; stilisti; tute; materiale; moda; abbigliamento; vestito; materiali; tessuti.

15   *vedi testo a pag. 151 del Libro dello studente*

Episodio 15

1   1. vero; 2. vero; 3. vero; 4. dove siete andati? fino a che ora siete rimasti? dove avete dormito? lui è venuto da solo? 5. falso; 6. falso; 7. falso; 8. vero.

2A   *vedi trascrizione sul Libro dello studente*

2B   siete andati; è venuto; siete rimasti; avete dormito; ho fatto; ho preparato; ho fatto; sono andata; sono venuti.

3

transitivi	intransitivi
cantare	arrivare
comprare	andare
aspettare	entrare
preparare	partire
guardare	cadere
capire	telefonare
chiamare	

4

ho scritto	una lettera
sono andata	dal medico
ho risposto	ad un fax
ho spolverato	i mobili
ho comprato	le medicine
ho pagato	la bolletta della luce
ho organizzato	una cena per gli amici
ho fatto	la spesa

6   1. Di solito al mattino non faccio colazione. Stamattina, invece, ho fatto colazione a casa. 2. Di solito a colazione prendo solo un caffè. Oggi, invece, ho preso un cappuccino e un cornetto. 3. Di solito non bevo alcolici. Ieri sera, invece, ho bevuto della birra. 4. Vengo sempre a scuola in autobus. Stamattina, invece, sono venuto a piedi. 5. Di solito quando viaggio non scrivo mai cartoline. Questa volta, invece, ho scritto una cartolina ai miei amici. 6. Di solito il sabato sera usciamo sempre. Sabato scorso, invece, non siamo usciti. 7. Angela arriva sempre in orario. Oggi, invece, è arrivata in ritardo. 8. Di solito finiamo di lavorare all'una. Ieri, invece, abbiamo finito alle due. 9. Ogni sera Giuliano telefona alla fidanzata. Oggi, invece, non ha telefonato ancora. 10. Di solito vado al lavoro in macchina. Ieri, invece, ho preso l'autobus.

9   Facilissimo; molto ospitali; bellissima; abbronzatissima.

11   1. altissima; 2. carissima; 3. buonissima; 4. dolcissimo; 5. bravissimo; 6. faticosissimo; 7. noiosissimo; 8. divertentissima; 9. luminosissima; 10. rumorosissima; 11. leggerissimo; 12. affollatissimo; 13. morbidissima.

13A   clima; lavoro; mare; vacanze; spiagge; cinema.

13B   1. falso; 2. vero; 3. falso; 4. vero; 5. falso; 6. vero; 7. vero; 8. vero; 9. falso; 10. falso.

14 1. falso; 2. vero; 3. vero; 4. falso; 5. vero.

15 1. della; 2. di; 3. che; 4. che; 5. di; 6. che; 7. che; 8. che; 9. dell'; 10. del; 11. che; 12. del.

Episodio 16

1 1. falso; 2. vero; 3. vero; 4. vero; 5. vero; 6. ricci; aragoste; 7. l'estate;

2A Sicilia; Eolie; Sardegna; Orosei; Arbatax; Cala Gonone; Capo Caccia; Alghero.

2B 1. Francesco; Andrea; Stefano; 2. vero; 3. vero; 4. falso; 5. falso; 6. vero; 7. falso; 8. vero; 9. vero; 10. vero; 11. il profumo della vegetazione.

3 *vedi trascrizione sul Libro dello studente*

4 1. E; 2. C; 3. A; 4. L; 5. G; 6. B; 7. F; 8. I; 9. D; 10. H.

5 *possibili soluzioni:*
1. Di solito ci vado il pomeriggio. 2. Di solito ci vado a luglio, ma quest'anno ci vado a giugno. 3. Di solito ci vado con amici, ma questa settimana ci vado con mia sorella. 4. Di solito ci vado due volte, ma questa settimana ci vado una volta sola. 5. Di solito ci vado a Natale, ma quest'anno ci vado in estate.

6 **Ma ieri che era festa…**
… ho fatto colazione con calma.
… ho letto il giornale.
… non ho lavorato.
… ho preso anche un aperitivo alle 12.00.
… ho pranzato a casa con la famiglia.
… ho telefonato ad alcuni amici.
… non ho guardato la TV.
… ho letto un libro intero.
… sono uscito con gli amici.
… mi sono addormentato molto tardi.

11 **Prima persona**
Dove è stata: Roma
Quando: 1993
Com'è stata la vacanza: bellissima
Cosa ha fatto: è rimasta a Roma; andava in bicicletta per la città
Cosa è successo: tutti erano in vacanza, la città era deserta, non c'era traffico.

Seconda persona
Dove è stata: Inghilterra
Quando: l'anno scorso
Com'è stata la vacanza: bruttissima
Cosa ha fatto: è partito per Londra felice e rilassato
Cosa è successo: ha dimenticato le valigie in treno.

Terza persona
Dove è stata: Grecia
Quando: un po' di anni fa
Com'è stata la vacanza: una tragedia
Cosa ha fatto: è andata in campeggio in Grecia
Cosa è successo: ha avuto la bronchite.

Episodio 17

1A 1. falso; 2. vero; 3. vero; 4. falso; 5. falso; 6. vero; 7. vero; 8. vero; 9. vero; 10. vero.

1B Qualcuno ha visto due uomini e una donna vicino ai binari. La polizia ha interrogato alcune persone che abitano vicino alla ferrovia.
Un contadino ha visto due uomini che correvano lungo la ferrovia.
Un contadino ha visto il treno frenare.

2 È atterrato un elicottero *(soggetto)*
È arrivata la polizia *(soggetto)*
Hanno cercato la vittima *(c. oggetto)*
Hanno interrogato alcune persone *(c. oggetto)*

3 si è fermato; ha investito; è successo; ha detto; ho mandato; abbiamo investito; ho fatto; ho fatto; ho fatto; ha preso; ho pensato; ho preso; è arrivata; è atterrato; hanno cercato; ha visto; ha interrogato; ha raccontato; ha visto; ha visto; ha sentito

Regolari	Irregolari
fermato	successo
investito	detto
mandato	fatto
investito	preso
pensato	visto
arrivata	
atterrato	
cercato	
interrogato	
raccontato	
sentito	

Facciamo grammatica

rimasto	rimanere
compreso	comprendere
scritto	scrivere
rotto	rompere
offerto	offrire
aperto	aprire
nascosto	nascondere
letto	leggere
coperto	coprire
chiuso	chiudere
chiesto	chiedere
perso	perdere
cotto	cuocere
risposto	rispondere
acceso	accendere
spento	spegnere/spengere
sceso	scendere
sofferto	soffrire

4
come prendere	→	preso
comprendere	→	compreso
chiudere	→	chiuso
perdere	→	perso
accendere	→	acceso
scendere	→	sceso

come vedere	→	visto
rimanere	→	rimasto
nascondere	→	nascosto
chiedere	→	chiesto
rispondere	→	risposto

come fare	→	fatto
scrivere	→	scritto
rompere	→	rotto
leggere	→	letto
cuocere	→	cotto

come aprire	→	aperto
offrire	→	offerto
coprire	→	coperto
soffrire	→	sofferto

7 1. riscrivere; 2. ricontrollare; 3. rispiegare; 4. rifare; 5. ricominciare; 6. rileggere; 7. ritelefonare.

1. rileggere; 2. ricomincia; 3. riscrivere; 4. ritelefono; 5. ricontrollare; 6. rifare; 7. rispieghi.

8A situazione C

8B 1. falso; 2. vero; 3. vero; 4. falso; 5. vero.

9 *vedi trascrizione sul Libro dello studente*

Quali espressioni usa Piero:
per scusarsi
Purtroppo è la prima volta, non lo so, non mi è mai suc-

cesso prima.
Guardate, mi dispiace, ma purtroppo l'altoparlante è rotto… ho provato, non funziona.

per dare spiegazioni
Eh, abbiamo investito una persona.
Eh no, mi dispiace, questo non dipende dalle ferrovie, non è un ritardo per causa nostra, è un incidente.

Quali espressioni usano i passeggeri:
per lamentarsi e protestare
Ma che è successo?
E quanto tempo ancora dobbiamo restare fermi?
Senta, ma ce lo rimborsano questo biglietto?
Ma almeno un annuncio, perché non avete fatto un annuncio con l'altoparlante, sono dieci minuti che siamo qui fermi, senza un annuncio, senza sapere cosa è successo…

11 1. sono andato; ho visto; 2. hai comprato; 3. avete speso; 4. hai conosciuto; 5. ha scritto; 6. avete fatto; siamo rimasti; 7. ho dormito; sono andata; 8. hai chiuso; 9. ha finito; 10. hanno scoperto.

12 **Residenti in piazza contro un'antenna:** LUNGHEZZA Tutti in strada nel villaggio… - **ROMA**
Sale l'inflazione nelle città campione: PREZZI La stima nazionale sull'inflazione… - **ECONOMIA**
Due giovani armati rapinano pasticceria : TOR CARBONE Ieri sera, due giovani con coltello… - **CRONACHE**
Decine di arresti per spaccio di droga: EUR Arrestati nel fine settimana… - **CRONACHE**
È il sudore umano ad attirare le zanzare: INSETTI La scoperta (in parte una conferma)… - **CRONACHE**
Con Steven Spielberg il successo è sicuro: CINEMA È Steven Spielberg il Re Mida… - **SPETTACOLI**
Record nella rana per Fioravanti: NUOTO Nel corso del trofeo "Nico Sapio"… - **SPORT**

Episodio 18

1A copia della rivista Domus; fax arrotolato; una banana; un ritaglio di giornale.

1B 1. vero; 2. falso; 3. vero; 4. vero; 5. vero; 6. vero; 7. falso; 8. vero; 9. falso; 10. falso.

2 Il designer

3 2. - È da mezz'ora cerco gli occhiali. Ma dove sono?
- Sul tavolo in cucina.
3. - Guarda quel tipo che parla con Stefano. Ma chi è?
- Non lo so, ma lo vedo ogni giorno al bar a quest'ora.
4. - Capisci questa pubblicità? Ma che roba è?
- È un nuovo motore di ricerca.

5 1. vero; 2. falso; 3. vero; 4. falso; 5. vero; 6. vero; 7. vero.

6 *possibili soluzioni:*
Le dispiacerebbe cambiarmi 20 euro?
Ti dispiacerebbe guardare mio figlio?
Le dispiacerebbe prestarmi il suo cellulare?
Ti dispiacerebbe accompagnarmi in ufficio?
Ti dispiacerebbe preparare un caffè?
Le dispiacerebbe farmi accendere?

7 Posso prendere la tua penna?
Posso chiudere il finestrino?
Posso accendere l'aria condizionata?
Posso sedermi vicino alla lavagna?
Posso andare al bagno?
Posso usare il tuo asciugacapelli?
Posso pagare con la carta di credito?
Posso uscire con i miei amici stasera?
Posso mettere questo vestito nella tua valigia?

8 Posso usare il tuo dizionario?
Posso pagare con la carta di credito?
Posso prendere l'oliera?
Posso assaggiare questo formaggio?

Posso fare una domanda?

9A Designer.

9B 1. vero; 2. vero; 3. falso; 4. vero; 5. falso; 6. vero; 7. falso; 8. vero; 9. falso.

10 *vedi trascrizione sul Libro dello studente*
L'ha trovato? *Il pronome* lo *si riferisce al biglietto.*
L'ho messo *Il pronome* lo *si riferisce al biglietto.*
Ho preso
L'ho sfogliata *Il pronome* la *si riferisce alla rivista.*
Ho avuto
L'ho messo *Il pronome* lo *si riferisce al biglietto.*
Ho iniziato
L'ho dimenticato *Il pronome* lo *si riferisce al biglietto.*

In tutte le espressioni verbali sottolineate i pronomi *lo* o *la* hanno funzione di oggetto e precedono il verbo. In questo caso il participio passato concorda col pronome oggetto.

11 1. L'ho comprato; 2. L'ho ritirato; 3. Le abbiamo mangiate; 4. L'ho vista; 5. Li ho visitati; 6. Le ho invitate; 7. Li ho comprati; 8. Le ha portate; 9. L'ho lavata; 10. Li ho spediti.

13 *vedi illustrazione sotto:*
1. zuccheriera *(design: F.F.F. Family Follows Fiction)*; 2. caffettiera *(design: Riccardo Dalisi)*; 3. spremiagrumi *(design: Philippe Starck)*; 4. accendigas *(design: Guido Venturini)*; 5. posacenere *(design: Achille Castiglioni)*; 6. imbuto *(design: Stefano Giovannoni)*.

Episodio 19

1A Colosseo; Fontana di Trevi; Lupa con Romolo e Remo.

1B 1. vero; 2. vero; 3. falso; 4. vero; 5. vero; 6. falso; 7. vero; 8. falso; 9. vero.

2A 1. barboni; 2. pellegrini; 3. impiegati ministeriali; 4. pendolari; 5. venditori ambulanti; 6. borseggiatori.

2B

Nazionalità	Mestiere/professione	Altro
Africani	impiegati ministeriali	barboni
Filippini	venditori ambulanti	suore
Colombiani	tassisti	pellegrini
Pakistani	controllore	frati
Cinesi		pendolari
		turisti
		borseggiatori
		turiste
		Annarita, la ragazza di Riccione
		i tre ragazzi
		Piero
		un collega

3

Imperatori romani	Monumenti	Luoghi
Ottaviano Augusto	Domus Aurea	
Nerone	Colosseo	
Tito	Terme di Caracalla	
Adriano		Campidoglio
Marco Aurelio		Colle Oppio
Caracalla		Foro Romano

4   1. vero; 2. falso; 3. vero; 4. vero; 5. vero; 6. vero.

5

Mi raccomando!	Non ti preoccupare
Fatti sentire!	Fatevi sentire anche voi.
Telefonaci!	Chiamatemi anche voi.
Facci sapere l'indirizzo!	Certo, certo.
Non ti montare la testa!	Figurati!
Scrivici una cartolina.	Col Colosseo o Piazza di Spagna?
Annarita, Annarita, ma questo regista è davvero famoso, non sarà una fregatura?	No, no, stai tranquillo.
Ehi! Ma il bagno dove te lo fai a Roma, nella Fontana di Trevi?	Sì, come l'Anita Ekberg, peccato che non sono bionda.

Espressioni che indicano:

richiesta/desiderio
Fatti sentire!
Telefonaci!
Facci sapere l'indirizzo!
Scrivici una cartolina.
Chiamatemi anche voi.
Non ti montare la testa!
Mi raccomando!

rassicurazione
No, no, stai tranquillo.
Figurati.
Non ti preoccupare.
Sì, sì, certo.

Espressioni che significano:

Per favore non parlare	Stai zitto!
Rimani in contatto, per telefono, a voce	Telefona!
Non devi essere preoccupato per me	Non ti preoccupare.
Devi fare attenzione, devi comportare bene	Mi raccomando.

6   1. Non vi montate la testa. 2. Se torni da queste parti fatti sentire. 3. Quando cambi casa facci sapere il nuovo indirizzo. 4. Mamma non ti preoccupare, guido piano. 5. Mi raccomando, non aprite a nessuno.

7   1. non ti preoccupare; 2. mi raccomando; 3. sta' zitto; 4. non ti montare la testa; 5. scrivici; 6. telefonaci.

8   1. falso; 2. falso; 3. falso; 4. falso; 5. vero; 6. vero; 7. vero; 8. vero.

9A   *vedi trascrizione sul Libro dello studente*

9B   <u>Ah senti, non so, dimmi se vuoi</u> andare in albergo prima a fare una doccia, <u>io intanto</u>…
No, no, <u>non sono</u> stanca <u>non voglio</u> perdere tempo… è la prima volta che vengo a Roma.
<u>Come vuoi, allora andiamo</u> a mangiare qualcosa <u>e poi</u>…
<u>Se vuoi,</u> ma io ho mangiato in treno, <u>possiamo</u> cominciare…
<u>Ma guarda che</u> qui a Roma fa un caldo… qui non siamo a Riccione, <u>comunque se vuoi</u> andiamo, ho la macchina qui dietro.

10

Ci hanno provato	*hanno tentato di fare qualcosa*
Lascia stare	*non parliamo di questo, non importa*
Basta che (fanno le multe)	*sanno fare solo questa cosa*

11   1. basta che; lascia stare; 2. ci ha provato; 3. ti mangiava con gli occhi.

13   1. sì; 2. sì; 3. no; 4. no; 5. sì.

Episodio 20

1A   Colosseo; Terme di Caracalla; Fontana di Trevi; Via Appia; Teatro di Marcello; Piazza Venezia; Circo Massimo; Campidoglio; Ghetto; Monumento a Vittorio Emanuele.

1B   Piazza Venezia; Balcone; Mussolini.
Via Appia; Anita Ekberg; Fontana di Trevi.
Ghetto; Portico d'Ottavia; Sinagoga.
Campidoglio; Michelangelo.

2   1. questo; 2. questi; 3. questi; 4. queste; 5. questa; 6. questo; 7. questa; 8. quest'; 9. quest'; 10. questa.

3   1. Quella; 2. Quella; 3. Quel; 4. Quegli; 5. Quel; 6. Quello; 7. Quello; 8. Quella; 9. Quelli; 10. Quello.

4   La guida è scritta in tono informale *(tu)*.

imperativo	infinito
comincia	cominciare
raggiungi	raggiungere
visita	visitare
sali	salire
percorri	percorrere
raggiungi	raggiungere
attraversa	attraversare
vai	andare
percorri	percorrere
sbuca	sbucare
cammina	camminare
concludi	concludere

5   rispondi al telefono; rileggi il testo; spegni la radio; apparecchia la tavola; prepara la cena; correggi gli errori; prenota la stanza d'albergo; prestami il temperamatite; chiudi le finestre.

6   1. spegnete; cominciate; 2. accendere; 3. firmi; 4. telefona; 5. guardi; 6. usciamo; 7. entrate; 8. state; andate; 9. rallenta; 10. giri; continui.

7   1. si ricordi; 2. incontriamoci; 3. non sporcarti; 4. preparatevi; 5. entrate; sedetevi; 6. reggiti; 7. pulitevi; 8. si allontanino; 9. non si preoccupi.

10   *possibili soluzioni:*
Passami l'acqua, per favore!
Scrivimi una cartolina!
Dormi, è tardi!
Rimetti in ordine, per favore!
Spegni la luce, per favore!
Rispondi tu, per favore!
Abbassa la TV per favore!
Chiudi la finestra, per favore!

11   soffriggerlo con olio e cipolla; aggiungere vino bianco; lavare i pomodori; tagliarli a filetti; unirli al guanciale soffritto; aggiungere sale e peperoncino; far bollire l'acqua; gettare nell'acqua i bucatini; scolarli al dente; condirli col sugo; servirli con il pecorino grattugiato.

12   1. Siate aperti…; 2. Cercate di conoscere il paese che avete scelto…; 3. A tavola comportatevi…, se mangiano… fate lo stesso; 4. Scegliete sempre… e non chiedete…; 5. Rispettate… e non criticate…; 6. Rispettate… . Non gettate; 7. Se possibile parlate…; 8. Osservate…; 9. Prima di partire fate…; 10. Non vestitevi… .

Episodio 21

1   1. vero; 2. falso; 3. l'olio; il clima; il pomodoro; l'origano; il basilico; 4. vero; 5. vero; 6. vero; 7. falso; 8. vero.

2   1. Come no? / Lo dice a me! / È inutile
2. Non vedo l'ora!
3. Ma come! / Veramente?
4. Ma sa

3   1. non vedo l'ora; 2. ma come; veramente; 3. è inutile; 4. non vedo l'ora; 5. come no; 6. ma come; 7. lo dici a me; 8. come no; 9. non vedo l'ora; 10. veramente.

4   risotto allo zafferano; tagliatelle ai funghi; penne al pomodoro; caprese

5   *vedi trascrizione sul Libro dello studente*

6   linguine al pesto; penne al pomodoro; tagliatelle ai funghi; risotto allo zafferano; bucatini all'amatriciana; cotoletta alla milanese; spaghetti alle vongole.

7   1. ai; 2. al; 3. al; 4. al; 5. al; 6. al; 7. alla; 8. ai.

8   1. vero; 2. falso; 3. vero; 4. falso; 5. vero; 6. vero; 7. falso.

9   *vedi trascrizione sul Libro dello studente*

espressioni che si riferiscono
al presente: ci credo bene; ma guarda che sei proprio uguale a tuo nonno; dove abiti adesso?; Ma tu guarda, come è strano il mondo; e questi ragazzi adesso vengono in Italia.

al passato: eri un bambino; quando venivate in Sicilia; che uomo che era tuo nonno; aveva tanti amici; era anche un gran dongiovanni; noi andavamo in Germania.

10   1. era; 2. era; aveva; 3. avevano; 4. era; 5. eravate; 6. eravamo; 7. avevano; 8. aveva; 9. avevate; 10. erano.

11   1. vivevo; andavo; lavoravo; scendevo; 2. pioveva; faceva; 3. c'era; 4. abitavano; 5. frequentavo; conoscevo; 6. giocavamo; 7. stavo; veniva; mi portava; 8. ero; scrivevo; 9. rimproverava; ero; 10. portava.

12   1. a proposito; 2. ci credo bene; a proposito; 3. ma tu guarda; ci credo bene; a proposito.

13   era; andavano; era; aveva; abitava; voleva.

14

Anna: aveva; portava; era; Gina: era; portava; Mariella: era; portava; Rossella: era; era; Gustavo: portava; aveva; Ambrogio: era; aveva; Martino: era; aveva; Claudio: era; portava.

Episodio 22

1A   Il figlio di lui: lavora nell'informatica
Il figlio di lei: lavora alle poste

1B   1. vero; 2. falso; 3. vero; 4. falso; 5. falso; 6. vero; 7. vero; 8. vero; 9. falso.

2   vi assomigliate come due gocce d'acqua: *siete molto simili*
è un ragazzo d'oro: *è un ragazzo bravo in tutti i campi*
si è sistemato subito: *si è sposato, ha trovato un buon lavoro*
al giorno d'oggi: *attualmente*
di brave ragazze se ne trovano poche: *non è facile trovare una brava ragazza*
abbiamo ricostruito l'Italia del dopoguerra: *noi abbiamo lavorato per lo sviluppo economico italiano*
poteva avere più fortuna: *non è stato fortunato*
non ci accontentiamo mai: *siamo molto esigenti*

3   1. Meglio un uovo oggi che una gallina domani. 2. Can che abbaia non morde. 3. L'erba del vicino è sempre più verde. 4. Chi dorme non piglia pesci. 5. Chi va con lo zoppo impara a zoppicare.

4   1. vero; 2. falso; 3. falso; 4. falso; 5. falso; 6. vero; 7. falso.

5   **aggettivi possessivi:** del <u>suo</u> palazzo; delle <u>sue</u> sorelle; <u>sua</u> figlia; la <u>sua</u> Milena; <u>sua</u> madre; i <u>suoi</u> migliori amici; la <u>tua</u> ragazza.

L'articolo davanti all'aggettivo possessivo si usa con:

	Sì	No	Esempio
Nomi in genere	X		la tua ragazza
Nomi di famiglia al singolare		X	sua figlia
Nomi di famiglia al plurale	X		delle sue sorelle

6   1. sua; 2. i suoi; le loro; i loro; 3. i suoi; 4. suo; sua; 5. sua; suo; 6. i suoi; 7. i suoi; le sue; 8. sua; sua; 9. i suoi; 10. i suoi; 11. sua; 12. i loro; 13. i suoi.

7   1. di; da; 2. da; da; 3. di; 4. di; 5. d' (dì); 6. da; 7. di; da; 7. da.

9   1. sue; 2. suo; 3. nostre; 4. tuo; 5. vostre; 6. sua; 7. suo; 8. nostre; 9. miei; 10. mio.

Episodio 23

1   1. falso; 2. falso; 3. vero; 4. falso; 5. vero; 6. vero.

2   *vedi trascrizione sul Libro dello studente*

3   a. concorrenza; b. pubblicitaria; regali; a. genitori; b. getta; contenitori; omaggi; a. ambiente; bianco; rosso; b. multisala.

4   **1**
-    Buongiorno.
-    Buongiorno, vorrei un'informazione.
-    Sì, prego.
-    C'è un treno per Milano che arriva in mattinata?
-    Sì, e a che ora vuole partire?
-    Verso le otto, otto e mezza.
-    Sì, dunque, c'è l'Eurostar che parte da Termini.
-    È necessario prenotare?
-    Beh sì, venerdì, sabato e domenica è obbligatoria la prenotazione.

2
-    Buonasera.
-    Buonasera, prego.
-    Avevo prenotato un tavolo per quattro persone.
-    A che nome?
-    Marini.
-    Un attimo che chiedo all'altro cameriere.
    Alberto, un tavolo per quattro a nome Marini.
    Ecco, qui va bene?
-    Sì, benissimo, ma si può fumare?
-    Eh no! Mi dispiace questo è il reparto non fumatori. Se volete vi posso dare quel tavolo laggiù.
-    Sì, è quello lì vicino alla porta?
    Ah, la ringrazio molto, per me è triste una cena senza sigaretta.

5   1. marca; omaggio; confezioni; 2. campagna pubblicitaria; concorrenza; 3. regalo; 4. saldi; offerte; 5. consumatori; messaggi; 6. insegne pubblicitarie.

6A   galline; mucche; uva; uova; latte; vino.

6B   1. falso; 2. vero; 3. vero; 4. vero; 5. vero; 6. vero; 7. falso; 8. vero; 9. falso; 10. falso; 11. falso.

7   1. Non è male; 2. Dopotutto; Sono d'accordo con lei; Dobbiamo pur; 3. Le dirò; Da questo lato sì.

9   *vedi trascrizione sul Libro dello studente*

13   ero; andavo; diceva; sembrava; capivo; diceva; facevo; facevo; ero; significava; rendeva; chiedevo; diceva; era; eravamo.

14   Ieri ero in ritardo, perciò ho chiamato un taxi.
Ieri ho chiamato un taxi perché ero in ritardo.
Ieri avevo paura, perciò ho telefonato a un amico.
Ieri ho telefonato a un amico perché avevo paura.
Ieri avevo sonno, perciò sono andato a letto presto.
Ieri sono andato a letto presto perché avevo sonno.
Ieri avevo la febbre, perciò sono rimasto a casa.
Ieri sono rimasto a casa perché avevo la febbre.
Ieri dovevo studiare, perciò non sono uscito con gli amici.
Ieri non sono uscito con gli amici perché dovevo studiare.
Ieri dovevo pulire la casa, perciò non sono andato al mare.
Ieri non sono andato al mare perché dovevo pulire la casa.
Ieri faceva molto freddo, perciò non sono andato al parco.
Ieri non sono andato al parco perché faceva molto freddo.
Ieri era il compleanno di Marco, perciò gli ho comprato un regalo.
Ieri ho comprato un regalo a Marco perché era il suo compleanno.
Ieri il frigorifero era vuoto, perciò ho fatto la spesa e ho comprato molte cose.
Ieri ho fatto la spesa e ho comprato molte cose perché il frigorifero era vuoto.

15   1. sono andato; c'era; era; 2. giocavo; piaceva; 3. mi sono stancato/a; ho fatto; sono tornato/a; sono salito/a; era; 4. lavava; ho preparato; 5. era; aveva; erano; 6. ha telefonato; facevo; 7. tornavo; ho incontrato; andava; 8. sono tornati; erano; 9. avevo; ho comprato; volevo; 10. parlava; ascoltavano.

Episodio 24

1   *possibili soluzioni:*
all'università; è arrivata; storia del teatro; era seduta; ha chiesto; appunti; è andato a fumare; amore; vedersi; ragazzo; alti; bassi; partire; Napoli; Sergio; Lucia; burattinaio; scrive; addio

4   testo A

5   *vedi trascrizione sul Libro dello studente*

6   **verbi al futuro**

regolari	irregolari
aiuteranno	sarà
riuscirà	dovrà
chiamerò	andrò
risponderò	
ascolterò	
metterò	
prenderò	
tornerò	
manderò	

verbi regolari in

-are	-ere	-ire
aiuteranno (aiutare)	risponderò (rispondere)	riuscirà (riuscire)
chiamerà (chiamare)	metterò (mettere)	
ascolterò (ascoltare)	prenderò (prendere)	
manderò (mandare)		
tornerò (tornare)		

7   1. pioverà; 2. ci sarà; 3. riuscirò; 4. verrai; porterò; 5. tornerò; dovrò; 6. arriverà; 7. canterà; 8. capirà; 9. passerà; 10. incontrerà.

10   1. falso; 2. vero; 3. falso; 4. vero; 5. falso; 6. falso.

13   Che ora sarà? *domandarsi qualcosa*
Dove mi aspetteranno i miei amici, al binario o davanti alla stazione? *domandarsi qualcosa; fare ipotesi*

Dove sarà…? *domandarsi qualcosa*
Mi avrà… dimenticato? *fare ipotesi*
Ma dove andranno? *domandarsi qualcosa*
Che lavoro farà…? *domandarsi qualcosa*
Quanti anni avrà…? *domandarsi qualcosa*

14   *possibili soluzioni:*
Chissà quanto costerà?
Chi sarà a quest'ora?
Dove sarà Fabio?
Che è successo? Sarà finita la benzina?
Dove andrà?
Ma perché non arriva? Sarà bloccato dal traffico?

Episodio 25

1   1. falso; 2. vero; 3. vero; 4. falso; 5. vero; 6. vero; 7. vero; 8. vero.

2   *vedi trascrizione sul Libro dello studente*

3   *vedi illustrazione sotto:*
1. incrocio; 2. zona pedonale; 3. casco; 4. strade; 5. semaforo; 6. segnale stradale; 7. senso vietato; 8. multa; 9. strisce pedonali

4   1. semaforo; 2. strade; zona pedonale; 3. multa; strisce pedonali; 4. segnale; 5. casco; 6. incrocio; senso vietato.

5   1. sto cucinando; 2. sto facendo; 3. sta parlando; 4. stanno dormendo; 5. sto uscendo; 6. sta partendo; 7. sta arrivando; 8. sta organizzando; 9. sto morendo; 10. stanno ristrutturando.

6   vicolo: *piccola strada stretta*
rione: *quartiere*
amuleto: *oggetto portafortuna*
scorcio: *immagine di un paesaggio in prospettiva*

7A   la pizza; la sfogliatella; il presepe; Pulcinella.

7B   1. vero; 2. vero; 3. vero; 4. vero; 5. falso; 6. vero; 7. falso; 8. vero.

7C   antichi rioni dimenticati: *quartieri storici abbandonati, non curati*
avveniristico centro direzionale: *zona di uffici e strutture, realizzati in uno stile molto moderno*
angoli persi di una costa che incanta: *zone isolate di una costa bellissima*
la grande vivacità culturale: *vita culturale molto attiva*

8   su; tra; del; della; del; nel; nel; all'; tra; di; dei; di; da; alle.

9   1. al; 2. da/di; 3. nel; 4. di/a; 5. di; 6. tra; 7. da; 8. con; 9. in; in.

10 di; a; di; a; di; di; a; a; a; ad.

11 1. No, abita a Roma; 2. Il clima, le persone di Napoli, la pizza; 3. I napoletani sono chiassosi e disponibili a scherzare. Sono sempre un po' esagerati anche nel peso; 4. Gommosa, non croccante e tricolore: bianca, rossa e verde. La classica pizza Margherita; 5. I napoletani, un po' invadenti, un po' eccessivi ma mai aggressivi; 6. Le canzoni napoletane, il Vesuvio, il caffè; 7. Al bar i napoletani bevono unicamente caffè. Lo bevono in piedi, la tazza è calda e il caffè e già zuccherato dal barista. Il cliente deve solo girare il cucchiaino. Anche quando fa molto caldo, a Napoli il caffè si beve bollente. A Napoli il caffè è soprattutto un'occasione per parlare con qualcuno.

Quali aggettivi usa per...

i napoletani	la pizza
chiassosi	buona
disponibili	buonissima
esagerati	croccante
grassottelli	gommosa
scherzosi	tricolore
invadenti	classica
eccessivi	

12 1. vero; 2. falso; 3. falso; 4. vero; 5. falso; 6. falso; 7. caffè letterari; locali dove si fa musica; musicisti di strada; artisti di strada; 8. vero; 9. falso.

13 *vedi trascrizione sul Libro dello studente*

14 1. famosissimo; 2. centralissimo; 3. ricchissimo; 4. antichissimo; 5. vicinissimo; 6. giovanissimo.

15 1. famosissimi; 2. centralissima; 3. ricchissimo; 4. vicinissima; 5. antichissimo; 6. giovanissima.

Episodio 26

1 1. vero; 2. falso; 3. vero; 4. vero; 5. vero; 6. vero; 7. falso.

3 1. falso; 2. vero; 3. vero; 4. vero; 5. vero; 6. vero; 7. falso; 8. vero; 9. vero; 10. falso.

4A **pronomi diretti:** lo chiamano; li guarda; li invidia; li guarda; lo avrebbero guardato male.

pronomi indiretti: gli hanno dato; gli ricordano; gli diceva.

In tutti questi casi il pronome diretto o indiretto precede il verbo.

4B

	qualcuno	a qualcuno
guardare	X	
dire		X
invidiare	X	
chiamare	X	
mostrare		X
telefonare		X
aspettare	X	
dare		X
rispondere		X
conoscere	X	

5 1. gli; lo; 2. le; 3. lo; 4. gli; 5. le; 6. lo; 7. lo; le; 8. gli; 9. le; 10. lo.

6 1. le; 2. le; 3. lo; 4. le; 5. lo; 6. le; 7. le; 8. gli; 9. la; 10. lo.

7 1. gli; lo; 2. le; la; 3. gli; le; 4. gli; li.

8 1. gli; 2. lo; 3. la; 4. lo; 5. le; 6. li; 7. li; 8. le; 9. lo; 10. lo.

9 1. vero; 2. vero; 3. falso; 4. vero; 5. vero; 6. falso; 7. vero; 8. falso; 9. falso.

10 *vedi trascrizione sul Libro dello studente*

11 1. chiede dov'è Piero; 2. è in camera sua; 3. passa tutto il giorno a perdere tempo; 4. sta passando un momento difficile; 5. un incapace; 6. andare via di casa; 7. non guadagna una lira.

12 1. falso; 2. vero; 3. vero; 4. falso; 5. vero; 6. vero.

13 non me la sento: *non ho la forza o la capacità di fare qualcosa*
non ce la faccio più: *sono stanco di questa situazione, basta*
lascia stare: *basta, per favore non continuare*
non sto più sulle tue spalle: *non dipendo da te economicamente*
me ne vado: *vado via da questo posto*
non ne posso più: *sono stanco di questa situazione*
non ce la faccio: *non ho il coraggio o l'energia per fare una cosa*

14 *vedi trascrizione sul Libro dello studente*

15

	andarsene	sentirsela	farcela
io	me ne vado		ce la faccio
tu		te la senti	ce la fai
lui/lei		se la sente	ce la fa
noi	ce ne andiamo	ce la sentiamo	
voi	ve ne andate		ce la fate
loro	se ne vanno		ce la fanno

16 1. me la sento; 2. non ne posso / non ce la faccio; 3. se ne va; 4. ve ne andate; 5. ne posso; 6. se la sente; 7. ce la fate; 8. me ne vado; 9. ne posso / ce la faccio; 10. me la sento.

18 1. Perché fare il capostazione faceva sentire onnipotente: una sola paletta per fermare treni lunghissimi; 2. Perché con l'arrivo dei computer e della tecnologia il ruolo del capostazione è meno importante: oggi il capostazione fa meno cose e si limita a controllare il traffico su un video con un po' di nostalgia del passato quando tutto dipendeva da lui e dai suoi gesti; 3. Perché i suoi oggetti di lavoro, il fischietto, la paletta sembrano giocattoli e come un bimbo li agita. E si sente più forte e più grande. Ma è un bimbo imprigionato nel corpo di un "gigante in divisa"; 4. *soluzione aperta*; 5. *soluzione aperta*.

Episodio 27

1A stanchezza; interesse; noia.

1B 1. vero; 2. falso; 3. vero; 4. falso; 5. vero; 6. vero; 7. falso; 8. falso; 9. vero; 10. vero.

2 *vedi trascrizione sul Libro dello studente*

3 1. Che caldo! 2. Che freddo! 3. Che schifo! 4. Che sete! 5. Che fame! 6. Che sonno! 7. Che guaio! 8. Che dolore! Che mal di testa! 9. Che sporcizia! Che schifo! 10. Che caos! Che traffico!

4 1. e; 2. ma; 3. e; 4. ma; 5. e; 6. ma; 7. ma; 8. e.

5 Non solo è il regista, ma è anche l'attore protagonista di quel film. Non solo la borsa ma anche le scarpe sono italiane. Non solo la cucina ma anche la camera da letto è molto grande. Non solo la trama, ma anche la fotografia è eccezionale. Non solo è caldo ma è anche molto umido.

8

9

	P	A	L	E	R	M	O		F
I	L			P	I	E	D	I	
E	T	T	O		N		A	R	
R	A	R	A	M	E	N	T	E	
O		E	S		R		A	N	
	A	N	I	M	A		Z		
U	N	O		A	L		P	E	
	N		P	R	E	T	E		
M	O	D	A			I	R	E	

10   *Indovina che cosa: pasta;* pizza; caro; venti; collo.

Trova l'estraneo: occhiali; lenzuola; matite.

Cosa non ha le ali? alligatore.

Combina: un manico di scopa; una manica di una camicia; una manciata di sale, una maniglia della porta.

Cosa non può essere verde?: cane.

11   1. falso; 2. falso; 3. vero; 4. letterature comparate; 5. vero; 6. vero; 7. ridicolo; 8. vero.

12   1. vuole interrogarmi: *il pronome mi sta dopo l'infinito e si unisce ad esso;* 2. mi devo difendere: *il pronome mi sta prima del verbo modale;* 3. volevo chiederle: *il pronome le sta dopo l'infinito e si unisce ad esso;* 4. non vorrei fare; 5. vorrei essere; 6. vorrei tanto iniziare.

13   1. mi sento a disagio; 2. mi sento male; 3. mi sento in imbarazzo; 4. mi sento in forma; 5. mi sento a mio agio; 6. mi sento giù.

14   1. devo cambiarle; 2. vuole parlarti; 3. può telefonarmi; 4. possiamo darvi; 5. deve metterla; 6. potete tenerle; 7. dobbiamo correggerle; 8. vuole vederci; 9. posso capirlo; 10. puoi regalargli.

15   1. devo parlargli / gli devo parlare; 2. devi preoccuparti / ti devi preoccupare; 3. devo ancora prepararli / li devo ancora preparare; 4. voglio incontrarli / li voglio incontrare; 5. posso proprio farti / ti posso proprio fare; 6. devo prepararmi / mi devo preparare; 7. vogliamo mangiarla / la vogliamo mangiare; 8. devi prenderle / le devi prendere.

16   *vedi illustrazione sotto:*
1. portiere; 2. curva; 3. tifosi; 4. pallone; 5. porta; 6. scudetto; 7. stadio; 8. bandiere; 9. arbitro; 10. tifosi/striscioni.

calcio

17A   posacenere

17B   1. falso; 2. vero; 3. falso; 4. vero; 5. vero; 6. vero; 7. falso; 8. vero; 9. vero.

18   *vedi trascrizione sul Libro dello studente*

pronomi diretti: *li* portano; *l'*ha mica potuto fare *(lo).*

pronomi indiretti: *gli* danno; *gli* danno.

pronomi riflessivi: *si* divertono; *si* divertano; *s'*è chiuso *(si); si* prendono.

19   1. mi; 2. gli; 3. ci; 4. gli; 5. le; 6. le; 7. vi; 8. mi; 9. vi; 10. ti.

20   1. le; 2. gli; 3. ci; 4. vi; 5. ci; 6. le; 7. mi; 8. mi; 9. gli; 10. ci.

21   1. vero; 2. falso; 3. vero; 4. falso; 5. genitori; assistenti sociali; 6. vero; 7. vero; 8. vero.

22   **Cosa fa Marco**
la mattina: prende il caffè; scende la rampa di scale; si immerge nei quartieri spagnoli; va a prendere alcuni ragazzi a casa, li accompagna a scuola, parla con i maestri, racconta come hanno fatto i compiti; incontra i genitori, assistenti sociali, psicologi; va al provveditorato, al comune o in parrocchia.
il pomeriggio: organizza il doposcuola.
Cosa fanno i suoi scolari
la mattina: non vanno volentieri a scuola; non ci vanno affatto; lavorano; truccano i motorini.
il pomeriggio: fanno i compiti; partecipano ai laboratori creativi.

23   1. Gli studenti li avvisiamo noi; 2. Il portone lo chiudete voi; 3. Le paste le portano loro; 4. I piatti li lavo io; 5. Questo attore lo conoscono tutti; 6. Il medico lo chiamo io; 7. Il conto lo paghiamo noi; 8. La tavola la apparecchiano loro; 9. La cena la prepara mia madre; 10. I biglietti li prenota Gianpaolo.

Episodio 28

1   1. falso; 2. vero; 3. vero; 4. falso; 5. falso; 6. vero; 7. falso; 8. vero; 9. falso; 10. vero; 11. falso; 12. vero; 13. vero.

2   1. nessuno; 2. qualcuno; 3. tutti; 4. qualcuno; 5. qualcuno; 6. tutti; 7. qualcuno; qualcuno; tutti; 8. nessuno; 9. qualcuno; nessuno; 10. tutti; nessuno.

3   1. non… niente; 2. non… nessuno; 3. non… niente; 4. non… nessuno; 5. non… niente; 6. non… nessuno; 7. non… niente; 8. non… niente; 9. non… nessuno; 10. non… nessuno.

4   vorrebbe proprio fermarsi *(desiderio)*
mi potrebbe aiutare *(cortesia)*
saprebbe dirmi *(cortesia)*
vorrebbe dire *(desiderio)*

5   1. Mi saprebbe dire dov'è la farmacia? 2. Mi potrebbe fare accendere? 3. Mi potrebbe prestare il giornale? 4. Mi saprebbe dire dov'è un'edicola? 5. Potrebbe aprire il finestrino? 6. Mi potrebbe accompagnare in macchina?

6   1. falso; 2. vero; 3. falso; 4. vero; 5. falso; 6. vero; 7. vero; 8. falso; 9. falso.

7   *vedi trascrizione sul Libro dello studente*
verbi al condizionale che esprimono:

ipotesi: ci potrebbe essere una collaborazione; potrebbbe cambiare la vita dell'umanità

consiglio: dovrebbe scendere dal treno

desiderio: io vorrei… ecco, trovare…

8   1. C; 2. E; 3. D; 4. B; 5. G; 6. H; 7. F; 8. A.

9   *possibili soluzioni:* dovresti riscriverli tutti; dovresti cercare di convincerlo; dovresti mangiare di meno; dovresti impegnarti di più; dovresti avvisare la polizia; dovresti lasciarlo/la; dovresti lavorare un po' meno; dovresti cambiare casa; dovresti parlare col direttore e chiedere un aumento; dovresti parlare più spesso con italiani; dovresti partire oppure dimenticarlo/la.

10   1. vorrebbe; 2. accompagneresti; 3. uscirebbero; 4. resteremmo; 5. gradireste; 6. abiteremmo; si sposterebbero; 7. sarebbe; 8. comprerei; 9. ti piacerebbe; 10. preferirei.

12 1. vero; 2. vero; 3. falso; 4. falso; 5. falso; 6. falso; 7. vero; 8. falso; 9. vero; 10. vero.

13 *vedi trascrizione sul Libro dello studente*

16A 1. una pasta istantanea; 2. una ricercatrice; 3. due industriali.

16B 1. falso; 2. vero; 3. vero; 4. vero; 5. vero; 6. falso; 7. vero; 8. vero; 9. falso.

17 *vedi trascrizione sul Libro dello studente*

18 ASSALTO AL TRENO; RITORNO DALLO STADIO; MI MANCHERAI; POSTO CERCASI; EMIGRANTI AL CONTRARIO; COMMERCIALISTA PENDOLARE; PENSIONATI CHE NON TORNANO; ASPIRANTI POLIZIOTTE; CI INCONTREREMO A SALERNO; GIOIA TAURO; HAI PRESO TUTTO?; SCUSATE IL RITARDO.

Episodio 29

1 **congiunzioni:**
… si diceva che lì ci fosse…

pronomi relativi:
… sul traghetto che porta a Messina (*soggetto: si riferisce a* traghetto);
… il mare che divide (*soggetto: si riferisce a* mare);
… la punta della Calabria e quella della Sicilia che quasi si toccano (*soggetto: si riferisce a* la punta della Calabria e quella della Sicilia…);
… con venti fortissimi che inghiottivano misteriosamente… (*soggetto: si riferisce a* venti fortissimi);
i due signori siciliani che hanno viaggiato… (*soggetto: si riferisce a* signori siciliani)
c'è un prete… che sorride (*soggetto: si riferisce a* prete)
si toglie gli occhiali che aveva messo da poco (*oggetto: si riferisce a* occhiali)

2

	pronome	congiunzione
1.		X
2.	X	
3.		X
4.	X	
5.	X	
6.	X	
7.	X	
8.	X	
9.	X	
10.		X

3 1. falso; 2. vero; 3. vero; 4. vero; 5. vero; 6. vero.

4 1. falso; 2. vero; 3. vero; 4. falso; 5. vero; 6. vero; 7. vero.

5 *vedi trascrizione sul Libro dello studente*

7

Vorrei vedere quella maglietta verde	che è in vetrina.
Volevo cambiare un libro	che mi hanno regalato.
Ieri ho incontrato un vecchio amico	che non vedevo da tanto tempo.
Vado a casa di un collega	che lavora nella mia scuola.
Voglio ascoltare il CD	che mi ha prestato Giulio.
Devo restituire la penna a un tipo	che me l'ha prestata.
Dove sono le fotocopie	che ho appena fatto?

8 1. per cui; 2. che; 3. in cui; 4. che; 5. che; di cui; 6. con cui; 7. che; 8. che; 9. a cui; 10. in cui; 11. da cui; 12. che; 13. in cui; 14. che.

9 1. che; 2. chi; 3. che; 4. che; 5. che; 6. chi; 7. chi; 8. che.

10 1. Chi; che; 2. Che; 3. Che; 4. Chi; 5. Chi; 6. Che; 7. Che; 8. Chi; 9. Che; 10. Che.

11 *possibili soluzioni:*
ecologia; eco-alimentare; eco-coltivazione; biologia; bio-alimentare; bio-coltivazione; bio-degradabile; agro-alimentare; transgenico; elettrosmog.

13 1. vero; 2. falso; 3. falso; 4. falso; 5. falso; 6. vero; 7. vero; 8. vero; 9. vero.

14 1. falso; 2. falso; 3. vero; 4. di usare sale-computer in 20 città italiane; 5. falso; 6. vero.

15 *vedi trascrizione sul Libro dello studente*

Episodio 30

1 1. vero; 2. falso; 3. vero; 4. vero; 5. vero; 6. vero; 7. falso; 8. vero.

2 **verbi al passato remoto**

regolari	irregolari
cominciai	vidi
salii	volli
arrivai	fui
girai	riconobbi
girai	spinsi
potei	disse
arrivai	riconobbi
salii	dissi
guardai	
entrai	
ricordai	

coniugazione del verbo *volere*:

(io)	volli
(tu)	volesti
(lui/lei)	volle
(noi)	volemmo
(voi)	voleste
(loro)	vollero

3 arrivai sopra l'immenso paese della montagna
girai con la cartolina in mano
potei andare dritto molto facilmente
vidi qualche bottega
volli domandare
salii nel sole
guardai ancora una volta l'indirizzo
fui da mia madre
riconobbi la soglia
spinsi la porta
entrai in casa
riconobbi quella voce

arrivò…; girò…; potè andare…; vide…; volle…; salì…; guardò…; fu…; riconobbe…; spinse…; entrò…; riconobbe… .

5 chiamò; comprò; decise; raccontò; si impietosì; regalò; incontrò; si finsero; dissero; seguì; fu; salvò; si mise; decise; scoprì; diventò; comprò; salvò; trasformò; incontrò; nuotò; salvò; trasformò.

7 1. falso; 2. falso; 3. falso; 4. falso; 5. falso; 6. falso.

L'italiano per stranieri

Amato
Mondo italiano
testi autentici sulla realtà sociale e culturale italiana
• libro dello studente
• quaderno degli esercizi

Ambroso e Di Giovanni
L'ABC dei piccoli

Ambroso e Stefancich
Parole
10 percorsi nel lessico italiano - esercizi guidati

Avitabile
Italian for the English-speaking

Balboni
GrammaGiochi
per giocare con la grammatica

Barki e Diadori
Pro e contro
conversare e argomentare in italiano
• **1** livello intermedio - libro dello studente
• **2** livello intermedio-avanzato - libro dello studente
• guida per l'insegnante

Battaglia
Grammatica italiana per stranieri

Battaglia
Gramática italiana para estudiantes de habla española

Battaglia
Leggiamo e conversiamo
letture italiane con esercizi per la conversazione

Battaglia e Varsi
Parole e immagini
corso elementare di lingua italiana per principianti

Bettoni e Vicentini
Passeggiate italiane
lezioni di italiano - livello avanzato

Buttaroni
Letteratura al naturale
autori italiani contemporanei
con attività di analisi linguistica

Camalich e Temperini
Un mare di parole
letture ed esercizi di lessico italiano

Carresi, Chiarenza e Frollano
L'italiano all'Opera
attività linguistiche attraverso 15 arie famose

Chiappini e De Filippo
Un giorno in Italia 1
corso di italiano per stranieri - primo livello
• libro dello studente + CD audio
• guida per l'insegnante + test di verifica
• glossario in quattro lingue + chiavi degli esercizi

Cini
Strategie di scrittura
quaderno di scrittura - livello intermedio

Deon, Francini e Talamo
Amor di Roma
Roma nella letteratura italiana del Novecento
testi con attività di comprensione
livello intermedio-avanzato

Diadori
Senza parole
100 gesti degli italiani

du Bessé
PerCORSO GUIDAto guida di Roma
con attività ed esercizi di italiano per stranieri

du Bessé
PerCORSO GUIDAto guida di **Firenze**
con attività ed esercizi di italiano per stranieri

du Bessé
PerCORSO GUIDAto guida di **Venezia**
con attività ed esercizi di italiano per stranieri

Gruppo META
Uno
corso comunicativo di italiano - primo livello
• libro dello studente
• libro degli esercizi e grammatica
• guida per l'insegnante
• 3 audiocassette

Gruppo META
Due
corso comunicativo di italiano - secondo livello
• libro dello studente
• libro degli esercizi e grammatica
• guida per l'insegnante
• 4 audiocassette

Gruppo NAVILE
Dire, fare, capire
l'italiano come seconda lingua
• libro dello studente
• guida per l'insegnante
• 1 audiocassetta

Humphris, Luzi Catizone, Urbani
Comunicare meglio
corso di italiano - livello intermedio-avanzato
• manuale per l'allievo
• manuale per l'insegnante
• 4 audiocassette

Istruzioni per l'uso dell'italiano in classe 1
88 suggerimenti didattici per attività comunicative

Istruzioni per l'uso dell'italiano in classe 2
111 suggerimenti didattici per attività comunicative

Istruzioni per l'uso dell'italiano in classe 3
22 giochi da tavolo

Jones e Marmini
Comunicando s'impara
esperienze comunicative
• libro dello studente
• libro dell'insegnante

Maffei e Spagnesi
Ascoltami!
22 situazioni comunicative
- manuale di lavoro
- 2 audiocassette

Marmini e Vicentini
Passeggiate italiane
lezioni di italiano - livello intermedio

Marmini e Vicentini
Ascoltare dal vivo
manuale di ascolto - livello intermedio
- quaderno dello studente
- libro dell'insegnante
- 3 audiocassette

Paganini
ìssimo
quaderno di scrittura - livello avanzato

Pontesilli
I verbi italiani
modelli di coniugazione

Quaderno IT - n. 4
esame per la certificazione dell'italiano come L2
livello avanzato
prove del 2000 e del 2001
- volume + audiocassetta

Radicchi
Corso di lingua italiana
livello elementare
- manuale di lavoro
- 1 audiocassetta

Radicchi
Corso di lingua italiana
livello intermedio

Radicchi
In Italia
modi di dire ed espressioni idiomatiche

Stefancich
Cose d'Italia
tra lingua e cultura

Stefancich
Tracce di animali
nella lingua italiana tra lingua e cultura

Svolacchia e Kaunzner
Suoni, accento e intonazione
corso di ascolto e pronuncia
- manuale
- set 5 CD audio

Totaro e Zanardi
Quintetto italiano
approccio tematico multimediale - livello avanzato
- libro dello studente con esercizi
- libro per l'insegnante
- 2 audiocassette
- 1 videocassetta

Ulisse
Faccia a faccia
attività comunicative
livello elementare-intermedio

Urbani
Senta, scusi...
programma di comprensione auditiva
con spunti di produzione libera orale
- manuale di lavoro
- 1 audiocassetta

Urbani
Le forme del verbo italiano

Verri Menzel
La bottega dell'italiano
antologia di scrittori italiani del Novecento

Vicentini e Zanardi
Tanto per parlare
materiale per la conversazione
livello medio-avanzato
- libro dello studente
- libro dell'insegnante

Linguaggi settoriali

Ballarin e Begotti
Destinazione Italia
l'italiano per operatori turistici
- manuale di lavoro
- 1 audiocassetta

Cherubini
L'italiano per gli affari
corso comunicativo di lingua e cultura aziendale
- manuale di lavoro
- 1 audiocassetta

Spagnesi
Dizionario dell'economia e della finanza

in collaborazione con l'Università per Stranieri di Siena:

Dica 33
il linguaggio della medicina
- libro dello studente
- guida per l'insegnante
- 1 audiocassetta

L'arte del costruire
- libro dello studente
- guida per l'insegnante

Una lingua in pretura
il linguaggio del diritto
- libro dello studente
- guida per l'insegnante
- 1 audiocassetta

Bonacci editore

Finito di stampare nel mese di settembre 2002 dalla TIBERGRAPH s.r.l. - Città di Castello - (PG)